Hobday / Ollier · Helfende Spiele

Angela Hobday / Kate Ollier

# Helfende Spiele

Kreative Lebens- und Konfliktberatung von Kindern und Jugendlichen

Übersetzung aus dem Englischen,
deutsche Bearbeitung und Vorwort
von C. Wolfgang Müller

Beltz Verlag · Weinheim und Basel

*Angela Hobday*, Jg. 1946, und *Kate Ollier*, Jg. 1963, arbeiten als verhaltenstherapeutisch orientierte klinische Psychologinnen in England und Australien mit Kindern und Jugendlichen und deren Eltern.

Titel der Originalausgabe Creative Therapy: Activities with Children and Adolescents. © Angela Hobday and Kate Ollier, 1998. First published in 1988 by BPS Books / The British Psychological Society, Leicester.

Alle Rechte, insbesondere das Recht der Vervielfältigung und Verbreitung sowie der Übersetzung vorbehalten. Kein Teil des Werkes darf in irgendeiner Form (durch Fotokopie, Mikrofilm oder ein anderes Verfahren) ohne schriftliche Genehmigung des Verlages reproduziert oder unter Verwendung elektronischer Systeme verarbeitet, vervielfältigt oder verbreitet werden.

Gesetzt nach den neuen Rechtschreibregeln
Lektorat: Richard Grübling

© 2001 Beltz Verlag · Weinheim und Basel
www.beltz.de
Herstellung: Lore Amann
Satz: Media Partner Satz & Repro GmbH, 69502 Hemsbach
Druck: Druckhaus Beltz, Hemsbach
Umschlaggestaltung: Federico Luci, Köln
Umschlagfoto: Corbis Stock Market, Düsseldorf
Printed in Germany

ISBN 3-407-55851-1

# Inhaltsverzeichnis

Vorwort des Übersetzers . . . . . . . . . . . . . . . . . . . . . . . . . . . . . . . . . . . . . .  9

**Einführung** . . . . . . . . . . . . . . . . . . . . . . . . . . . . . . . . . . . . . . . . . . . . . . . . 11

    Unsere therapeutische Orientierung . . . . . . . . . . . . . . . . . . . . . . . . . . . . . 12
    Wie man dieses Buch benutzen kann . . . . . . . . . . . . . . . . . . . . . . . . . . . . 12
    Das Alter und der Entwicklungsstand von Kindern . . . . . . . . . . . . . . . . . . 14
    Länge von Aktivitäten . . . . . . . . . . . . . . . . . . . . . . . . . . . . . . . . . . . . . . . 19
    Materialien . . . . . . . . . . . . . . . . . . . . . . . . . . . . . . . . . . . . . . . . . . . . . . . 20
    Das Setting . . . . . . . . . . . . . . . . . . . . . . . . . . . . . . . . . . . . . . . . . . . . . . . 20
    Die Sitzungen . . . . . . . . . . . . . . . . . . . . . . . . . . . . . . . . . . . . . . . . . . . . . 21
    Unterstützung während des Spiels . . . . . . . . . . . . . . . . . . . . . . . . . . . . . 22
    Allgemeine Tipps für die Arbeit mit Kindern . . . . . . . . . . . . . . . . . . . . . . 22
    Eine Warnung . . . . . . . . . . . . . . . . . . . . . . . . . . . . . . . . . . . . . . . . . . . . 23

**Sich kennen lernen** . . . . . . . . . . . . . . . . . . . . . . . . . . . . . . . . . . . . . . . . . 24

    Meine Welt . . . . . . . . . . . . . . . . . . . . . . . . . . . . . . . . . . . . . . . . . . . . . . 24
    Satzergänzung . . . . . . . . . . . . . . . . . . . . . . . . . . . . . . . . . . . . . . . . . . . . 29
    Glücklich, traurig und sauer . . . . . . . . . . . . . . . . . . . . . . . . . . . . . . . . . . 30
    Warum? Warum? Warum? . . . . . . . . . . . . . . . . . . . . . . . . . . . . . . . . . . . 32

**Gefühle** . . . . . . . . . . . . . . . . . . . . . . . . . . . . . . . . . . . . . . . . . . . . . . . . . . 34

    Gesichtsmaske . . . . . . . . . . . . . . . . . . . . . . . . . . . . . . . . . . . . . . . . . . . . 34
    Die Skala meiner Gefühle . . . . . . . . . . . . . . . . . . . . . . . . . . . . . . . . . . . . 37
    Gefühlsrad . . . . . . . . . . . . . . . . . . . . . . . . . . . . . . . . . . . . . . . . . . . . . . . 39

**Ich will weiter** . . . . . . . . . . . . . . . . . . . . . . . . . . . . . . . . . . . . . . . . . . . . 42

    Die Geschichte vom cleveren Hans . . . . . . . . . . . . . . . . . . . . . . . . . . . . . 42
    Zoro bezwingt den Berg . . . . . . . . . . . . . . . . . . . . . . . . . . . . . . . . . . . . . 46
    Stufen zum Erfolg . . . . . . . . . . . . . . . . . . . . . . . . . . . . . . . . . . . . . . . . . 49

| | |
|---|---:|
| Die Mauer | 52 |
| Über die Mauer | 54 |
| Die Grube | 56 |
| Kosten und Nutzen | 57 |

## Wie werde ich den Stress los? … 60

| | |
|---|---:|
| Kummerkasten | 60 |
| Die alte Stoffpuppe | 62 |
| Durch den Regenwald | 66 |
| Spiralen | 69 |

## Neue Fähigkeiten lernen … 72

| | |
|---|---:|
| Ich kann helfen | 72 |
| Übung macht den Meister | 74 |
| Die sichere Hand | 76 |
| Mein Trimm-Dich-Pfad | 79 |
| Kreuzworträtsel | 82 |

## Bewältigungsstrategien … 85

| | |
|---|---:|
| Klarer Kopf | 85 |
| Der Schutzengel | 88 |
| Auswege | 90 |
| Selbstgespräch | 93 |
| Ich habe es selbst in der Hand | 95 |
| Der erste Schritt in die Zukunft | 97 |

## Abschied nehmen … 99

| | |
|---|---:|
| Es war eine schöne Zeit | 99 |
| Das Buch der Erinnerungen | 101 |
| Die Gedenkkerze | 102 |
| Für immer Teil von mir | 104 |

## Verständnis für meine Familie … 106

| | |
|---|---:|
| Male deine Familie, wie sie etwas gemeinsam tut | 106 |
| Wer ist wer? | 108 |

Familienregeln . . . . . . . . . . . . . . . . . . . . . . . . . . . . . . . . . . . . . . . . . .　110
　　51 Wege zum Lob . . . . . . . . . . . . . . . . . . . . . . . . . . . . . . . . . . . . . . .　112
　　Familienfragen . . . . . . . . . . . . . . . . . . . . . . . . . . . . . . . . . . . . . . . . .　115

**Positive Selbstwertschätzung** . . . . . . . . . . . . . . . . . . . . . . . . . . . . . . . . . .　117

　　Gute Nachrichten über mich . . . . . . . . . . . . . . . . . . . . . . . . . . . . . . .　117
　　Jedes Ding hat eine gute Seite . . . . . . . . . . . . . . . . . . . . . . . . . . . . . .　119
　　Was ich glaube . . . . . . . . . . . . . . . . . . . . . . . . . . . . . . . . . . . . . . . . .　121
　　Was ich mir erlaube . . . . . . . . . . . . . . . . . . . . . . . . . . . . . . . . . . . . .　123

**Wie man Erfolge misst** . . . . . . . . . . . . . . . . . . . . . . . . . . . . . . . . . . . . . . .　125

　　Was ich erreicht habe . . . . . . . . . . . . . . . . . . . . . . . . . . . . . . . . . . . .　125
　　Vergangenheit, Gegenwart, Zukunft . . . . . . . . . . . . . . . . . . . . . . . . .　127
　　Das war's bis jetzt . . . . . . . . . . . . . . . . . . . . . . . . . . . . . . . . . . . . . . .　130

Literaturverzeichnis . . . . . . . . . . . . . . . . . . . . . . . . . . . . . . . . . . . . . . . . . . .　133

# Vorwort des Übersetzers

Die Arbeit an den Gefühlen von Menschen, die in emotionalen Krisen sind, geschieht überwiegend im so genannten ›helfenden Gespräch‹ und hat eine lange, gut dokumentierte Geschichte, die von der Psychoanalyse über die Gesprächstherapie bis zur systemischen Familienberatung reicht. Die Herstellung einer professionellen, aber gleichzeitig persönlichen und tragfähigen Beziehung, empathisches Verstehen und eine weiterführende Unterstützung gelten als Grundlagen für eine hilfreiche Kommunikation zwischen Beraterin und Rat Suchendem, zwischen Sozialarbeiter und Klientin. Allerdings werden seit Jahrzehnten auch nicht-verbale Kommunikationsformen benutzt oder Kommunikationsformen, bei denen das gesprochene Wort nur eine handlungsbegleitende Rolle spielt. Ich denke an den Szeno-Test, den leeren Stuhl, das Rollenspiel und manches andere. Solche nicht-verbalen Äußerungen können anamnestischer und diagnostischer Aufklärung dienen, sie können aber auch Teil eines Lehr-Lern-Prozesses sein, um Klienten neue Sichtweisen ihrer Probleme zu vermitteln, um Überlebensstrategien zu trainieren, um ein beschädigtes Selbstbild zu restaurieren. Manchmal sind es auch experimentelle Übungen, um neue Handlungsmuster und die mit ihnen verbundenen Gefühle zu erproben, die vielleicht in Zukunft von Nutzen sein können.

In letzter Zeit wurden Kinder mehr und mehr Adressaten helfender Beratungsprozesse, über den Berufsstand der Psychagogen, über die Einrichtung von Erziehungsberatungsstellen, über systemische Familienberatung und Familientherapie. Dabei wurde zunehmend der Bedarf an nicht verbalen oder ›nicht nur verbalen‹ Kommunikationsformen deutlich, um ein Medium des Austauschs zu finden, das quasi-neutral ist und das für Kinder und ihre Berater eine gemeinsame Tätigkeit darstellen könnte, die unter bestimmten Umständen erhellende wie helfende Qualitäten entwickeln kann.

Angela Hobday und Kate Ollier sind zwei englische Psychologinnen, die über eine langjährige klinische Praxis in der Arbeit mit Kindern und Jugendlichen verfügen. Kate Ollier arbeitet inzwischen in Australien. Beide Beraterinnen haben gemeinsam eine Vielzahl von Helfenden Spielen entwickelt, die zu Beginn des jeweiligen Beratungsprozesses Nähe und Vertrauen schaffen sollen. Sie können auch diagnostische Hinweise liefern, die Hypothesenbildung ermutigen und im Verlaufe einer tragfähigen Beratungsbeziehung mit Kindern, Jugendlichen und ihren Bezugspersonen unerwünschte Verhaltensweisen und die an sie gebundenen Gefühle abtrainieren. Die Autorinnen machen keinen Hehl daraus, dass sie dem Design einer kognitiven Verhaltensmodifikation verbunden sind, aber im Bedarfsfall auch auf andere Traditionen zurückgreifen. Durchgehender Tenor der von ihnen erfundenen Helfenden Spiele (sie nennen das Ganze »Kreative Therapie«) ist die Entwicklung einer positiven Sichtweise der Kinder auf ihre Stärken, die Entwicklung überlebenswichtiger Strategien und Reaktionsweisen und die Förderung des Selbst-Bewusstseins über die eigenen Leistungen, die sich selber zu belohnen auch Kinder und Jugendliche berechtigt sind.

Angela Hobday und Kate Ollier haben ihre Spiele für sich und für Angehörige verwandter Berufe erfunden: für klinische Psychologen, für Sozialarbeiter, Psychagogen, Kinder-Therapeuten, Lehrer in Klassen mit behinderten Kindern, Beraterinnen und Erziehungsberater, Familientherapeuten und Gesundheitsberaterinnen. In den Ländern, in denen sie arbeiten, ist die Trennung zwischen Sozialpädagogen und Sozialarbeiterinnen einerseits und Psychologinnen andererseits nicht so streng, wie wir sie glauben machen zu müssen. Außerdem arbeiten beide Statusgruppen in vielen Einrichtungen zusammen. Gleichzeitig betonen die Autorinnen in ihrem lesenswerten Einführungskapitel, dass die Leser und Anwenderinnen ihres Buches die klassischen drei Schritte Helfender Berufe strikt einhalten sollten: ›Anamnese und vorsichtige und vorläufige Diagnose‹, ›Behandlungsplan auf der Basis einer tragfähigen zwischenmenschlichen Beziehung‹ und schrittweise ebenso wie abschließende ›Evaluation des gemeinsam zurückgelegten Weges‹. Dabei können die ›Helfenden Spiele‹ eine nützliche, unterstützende Rolle spielen.

Ich habe diesen Band gern übersetzt nur sparsam bearbeitet und für deutsche Verhältnisse eingerichtet. Allerdings habe ich neun der ursprünglichen Spiele und einige Spiel-Varianten ausgespart, weil ich sie für unsere Verhältnisse ein wenig zu direkt, zu indiskret und manchmal zu männlich-aggressiv fand. So habe ich in einem Spiel, in dem ein schwer bewaffneter Krieger ein Kind beschützt, den Krieger in einen »Schutzengel« verwandelt. Insgesamt 8 Spiele und einige Spielvariationen habe ich nicht in die Übertragung aufgenommen, weil sie mir für das allgemeine Erziehungsklima in unserem Land nicht passend schienen. Das mindert nicht meine Hochachtung für den Grundtenor der Autorinnen, den ich als zugewandt, im guten Sinne spielerisch und positiv-aufbauend erfahren habe.

Das Übertragen und Anfertigen der Kinderzeichnungen dieses Buches übernahmen Anthony, Claudia, Daniel F., Daniel H., Daniel P., Henry Kerstin, Michael und Steffen vom heilpädagogischen Kinderheim Weisenheim am Sand unter der Anleitung von Lore Barthel und Birgit Lattschar, die sich in besonderer Weise für die Anpassung des englischen Textes an deutsche Verhältnisse verdient gemacht hat. Ihnen gilt mein Dank.

*C. Wolfgang Müller*

# Einführung

Kreative Lebens- und Konfliktberatung und kreative Therapien mit Kindern und Jugendlichen erscheinen uns häufig als wenig greifbar und vage. Vielleicht ist dies der Grund, warum Klinische Psychologen, die wir weitergebildet haben, sehr erleichtert waren, als sie unsere Arbeitsbücher mit den vielen Materialien fanden, die wir benutzten, um die Arbeit mit Kindern zu strukturieren. Andererseits haben wir erfahren, dass es eine Reihe anderer Professioneller gibt, darunter viele Sozialarbeiter, Beraterinnen, Mitarbeiter von Gesundheitsämtern und Lehrer, die sich ebenfalls für unsere Materialien interessierten. Unsere Spiele sind uns in der Tat in unserer Arbeit unentbehrlich geworden und wir versuchen sie laufend an neue Klientengruppen und neue Lebensumstände anzupassen. Die Kinder schätzen die Spiele, und wir bemerken, wie sie sich langsam öffnen, um an ihren eigenen Problemen auf eine neue Weise zu arbeiten. Auch den Therapeuten und Erziehungsberaterinnen, die mit unseren Materialien arbeiten, macht es Spaß; sie kommen auf neue Ideen und bereichern damit ihre kreativen therapeutischen Bemühungen.

Die Spiele, die wir in diesem Buch beschreiben, entstanden ursprünglich aus der Notwendigkeit, dass wir uns etwas anderes einfallen lassen mussten, wenn die Kinder es schwierig fanden, ihre Probleme und ihre Gefühle mit uns zu diskutieren. Unter den Spielen gibt es solche mit sehr einfachen Ideen, die wahrscheinlich von anderen erfahrenen Therapeuten schon häufig benutzt worden sind. Aber es gibt auch komplizierte innovative Aktivitäten, die wir in der Tat neu erfunden haben. Für die Fassungen, die wir hier präsentieren sind wir selbst verantwortlich. Die Ideen für die Spiele stammen in manchen Fällen aus anderen Quellen, beispielsweise aus populären Sendungen und aus der weit verbreiteten Kinderliteratur.

Mit diesem Buch verfolgen wir das allgemeine Ziel, neue und kreative Ansätze in der Beratung von Kindern und in der therapeutischen Arbeit mit Kindern anzuregen. Die Spiele befassen sich mit einer großen Bandbreite von Themen. Sie sind sowohl in der individuellen Arbeit mit einzelnen Kindern zu verwenden als auch in Aktivitäten mit ganzen Familien. Einige Spiele können auch im Gruppenzusammenhang verwendet werden. Die Aktivitäten können als therapeutische Medien benutzt werden und werden dabei sinnvollerweise durch andere Medien ergänzt, beispielsweise durch Gespräche mit Bezugspersonen oder im Rahmen gut dokumentierter psychologischer Vorgehensweisen, wie sie beispielsweise die kognitive Verhaltenstherapie bereitstellt.

Durch das ganze Buch hindurch haben wir ein Wort benutzt, um eine Person zu beschreiben, die für das Wohl des Kindes oder Jugendlichen zuständig ist, ganz gleich, ob es sich um einen Elternteil, einen Großelternteil oder um andere Erziehungspersonen handelt. Wir nennen sie im Englischen zusammenfassend »carer«, was eine Person bezeichnet, die sich um das Wohl einer anderen Person kümmert und sorgt. Im Deutschen wäre wahrscheinlich der Ausdruck »Bezugsperson« oder »Erzieher« passend. Aber »Erzieher« verweist zu sehr auf einen professionellen Hintergrund, und der an und für sich treffende Ausdruck »Personensorgeberechtigter« klingt zu bürokratisch und verweist auf einen juristischen Zusammenhang, während wir ein tatsächliches Erziehungsverhältnis meinen, das durch eine enge zwischenmenschliche Beziehung gekennzeichnet ist. Deswegen der Ausdruck »Bezugsperson«. Alle Aktivitäten, die wir beschreiben, können sowohl auf Mädchen wie auf Jungen angewandt werden. Wir verfolgen dabei die Grundregel, dass alle Spiele auf das einzelne Kind angepasst und eingerichtet werden müssen und dass sie sich dann in der Tat für alle Kinder eignen, welche in ihrer individuellen Entwicklung einen Stand erreicht haben, den wir bei der Beschreibung der einzelnen Spiele angeben.

**Unsere therapeutische Orientierung**

Wir selber sind von unserer Herkunft und unserem Arbeitsfeld Klinische Psychologen. Unsere Arbeit basiert auf kognitiver Verhaltenstherapie und konstruktiven verhaltensmodifizierenden Techniken. Aber wir lehnen uns auch an andere Ansätze an, beispielsweise an familientherapeutische Verfahren, wenn es für die jeweilige Sachlage sinnvoll erscheint. Kreative Therapeuten sollten immer in der Lage sein, ihre Interventionen an jeweils wechselnde Situationen anzupassen, aus welcher Schule auch immer sie kommen mögen. Als Leserin und als Leser werden Sie bemerken, dass Belohnungen bei unseren Spielen eine große Bedeutung haben. Es gibt Erzieher, die diesen Belohnungen skeptisch gegenüberstehen, weil sie ihre Kinder nicht »bestechen« wollen. Wir machen dann geltend, dass Bestechungen in der Regel im Vorgriff auf Handlungen oder Unterlassungen gezahlt werden, die den Bestechenden nützlich sind. Bei unseren Belohnungen aber handelt es sich um die Anerkennung einer harten Arbeit, die den Kindern nützt. Belohnungen sollten aber niemals rückgängig gemacht werden – weder in Gestalt von realen, noch in Gestalt von symbolischen Belohnungen. Sie zielen darauf, Kinder schrittweise in eine konstruktive und für sie positive Richtung zu lenken und ihnen zu helfen, sich selber gut zu finden und sich wohlzufühlen.

**Wie man dieses Buch benutzen kann**

Wir haben jedes Spiel und jede Aktivität, die wir beschreiben, mit einem Hinweis auf Bedürfnisse des Kindes oder den Zweck der Aktivität versehen und die einzelnen Aktivitäten unter Kapitelüberschriften in zehn Kategorien gruppiert. Zunächst brauchen Sie selbstverständlich eine Ihre Arbeit einleitende Einschätzung der Situation des Kindes. Dazu können Sie Aktivitäten aus dem ersten Kapitel (Wer bin ich) benutzen, um die Probleme des Kindes und seiner Familie zu verstehen. Selbstverständlich brauchen Sie zusätzliche Details aus dem Familienleben, der Entwicklungsgeschichte des Kindes, Traumata innerhalb der Familie, ferner die Definition der vorliegenden Probleme in der Sichtweise der Bezugsperson und selbstverständlich auch in der des Kindes und die Vorstellungen der Bezugspersonen über die Ursachen der anstehenden Probleme – ebenso schon versuchte Lösungswege. Erst wenn Sie ein einigermaßen vollständiges Verständnis davon haben, was vorgegangen ist und was weiter vorgeht, werden Sie in der Lage sein, Ihr weiteres therapeutisches Vorgehen zu planen und Aktivitäten, wie wir sie in diesem Buch vorstellen, als Unterstützung auszuwählen. Diese Zeit der Anamnese und einer vorsichtigen und vorläufigen Diagnose werden Sie auch benutzen, um eine tragfähige persönliche Beziehung zu Ihrem Kind herzustellen und die Familie darüber zu informieren, welche Art von Dienstleistung Sie anzubieten haben.

Wir haben schon angedeutet, dass in dieser Anfangsphase Ihrer Arbeit Ihre Hypothesenbildung über die Ursachen für die Probleme des Kindes enthalten ist. Daraus entwickeln Sie einen Plan. Die Art des therapeutischen und der Therapie ähnlichen Vorgehens hängt selbstverständlich von Ihren Fertigkeiten und den Bedürfnissen des Kindes und seiner Familie ab. Jetzt werden Sie spezielle Ziele formulieren – beispielsweise die Vermittlung von Fertigkeiten, wie das Kind besser mit Ängsten umgehen könnte – und Sie werden danach die folgenden Sitzungen planen. Seien Sie dabei aber flexibel und folgen Sie der Entwicklungsebene des Kindes und seinem eigenen Schritttempo. Wie alle guten Geschichten wird auch Ihre Intervention einen Anfang haben, eine Mitte und ein Ende – den Anfang bildet Ihre diagnostische Einschätzung der Situation, die Mitte bilden der Hilfeplan und seine schrittweise Umsetzung und das Ende ist eine evaluative Einschätzung des zurückgelegten Weges und der damit verbundenen Erfolge. Alle diese drei Teile sind von gleichwertiger Bedeutung.

Wenn Sie erst einmal begründete Vermutungen über die Ursachen der Schwierigkeiten des Kindes und einen daraus entwickelten Plan haben, können Sie die einzelnen Kapitelüberschriften benutzen, um angemessene Aktivitäten aus unserem Buch auszuwählen. Das Ziel jeder einzelnen Aktivität wird von uns in klarer Sprache angegeben, um Ihnen die Auswahl zu erleichtern. Als allgemeine Regel gilt, dass man mit der Aktivität beginnen sollte, die zu verstehen für das Kind am leichtesten ist oder auch mit der Aktivität, gegen die das Kind die wenigsten emotionalen Widerstände zu entwickeln scheint. Das gilt vor allem für die Phase, in der Sie noch die tragfähige zwischenmenschliche Beziehung zu dem Kind aufbauen.

Wir gehen von der Hoffnung aus, dass Sie die vorgeschlagenen Aktivitäten als eine Vorlage verstehen und benutzen werden, die Sie entsprechend der Vorlieben und Abneigungen des Kindes sachgemäß abwandeln können. Bei einigen Spielen haben wir selber Variationen angegeben. Wenn Sie eine dieser Variationen benutzen, lesen Sie vorher bitte auf jeden Fall die Erläuterungen, die wir als Spielgrundlage angegeben haben. Denn wir beschreiben sie nur einmal in der ersten Spielgrundlage unter der Überschrift »Methode«. Am Ende jedes einzelnen Spieles finden Sie eine Liste mit anderen Aktivitäten, die bei der Bearbeitung ähnlicher Probleme hilfreich sein können. Im Verlaufe Ihrer Arbeit mit dem Kind und seiner Familie werden Sie Schritt für Schritt neue und nützliche Informationen gewinnen. Benutzen Sie diese neuen Informationen, um immer wieder die Richtung Ihrer Intervention zu überprüfen und einzuschätzen, ob Sie immer noch auf dem besten Wege sind, um die bestmöglichen Fortschritte für das Kind zu erzielen. Schreiben Sie nach jeder Sitzung einen zusammenfassenden Bericht in Ihr Tagebuch und markieren Sie dabei Veränderungen und Fortschritte im Verhalten Ihres Kindes, aber auch notwendige Modifikationen Ihres ursprünglichen Plans.

Zum Schluss werden Sie den Fortschritt einschätzen, den Sie und das Kind gemacht haben. Dazu können Sie Spiele benutzen, die wir im zehnten Kapitel beschrieben haben. Sie finden solche Spiele auch in anderen Kapiteln unter dem Stichwort »Rückblick«. Manche der Aktivitäten, die Sie für die ursprüngliche Einschätzung der Ausgangslage benutzt haben, können Sie später noch einmal benutzen, um zu sehen, ob Sie Fortschritte gemacht haben und wenn ja welche. Wenn Sie einmal mit einer Modifikation gearbeitet haben und das Spiel später noch einmal wiederholen, so benutzen Sie bitte auch im Wiederholungsfalle die schon einmal gewählte Modifikation.

## Das Alter und der Entwicklungsstand von Kindern

Für jede Aktivität haben wir eine ungefähre Altersspanne vorgegeben, aber die Anwendungsfähigkeit jedes einzelnen Spieles hängt von der individuellen Fähigkeit des Kindes ab und nicht nur von seinem kalendarischen Alter. Benutzen Sie deshalb die Angabe der Altersspanne als einen ersten Hinweis und seien Sie offen für die Erfahrung, dass insbesondere auch die Variationen, die wir angeben, möglicherweise für ältere oder für jüngere Kinder nützlich sein können. Im Folgenden geben wir Ihnen noch einmal – Sie werden dies während Ihres Studiums im Rahmen entwicklungspsychologischer Seminare schon getan haben – Hinweise auf die allgemeinen Entwicklungsphasen von Kindern. Für eine umfassendere Umschreibung dieser Entwicklungsphasen empfehlen wir Fahlberg (1994).[1] Wie wir alle wissen, sind alle Kinder unterschiedlich und deswegen gibt der folgende Entwicklungsplan lediglich grobe Hinweise darauf, wie Kinder sich gewöhnlich innerhalb einer bestimmten Altersgruppe darstellen. Da es uns nicht nur um kognitive, sondern auch um emotionale Prozesse geht, werden wir dabei auch Informationen über die emotionale Entwicklung geben, die Ihnen helfen sollen, den Bezugspersonen des Kindes das Verhältnis für kindliche Gefühle und kindliche Verhaltensweisen zu vermitteln.

---

1   Für deutsche Verhältnisse empfiehlt der Übersetzer: Oerter/Montada 1998

*Von der Geburt bis zum dritten Lebensjahr*

Kinder hängen noch außerordentlich stark von ihrer Bezugsperson ab. Ihr Spracherwerb ist noch nicht abgeschlossen. Die Arbeit mit dieser Altersgruppe geschieht im Wesentlichen durch die Fortbildung und das Training ihrer Bezugspersonen. Eine Therapie der Kinder in diesem Alter ist vergleichsweise selten und findet im Wesentlichen nur bei Missbrauch, Missachtung und Verwahrlosung und entsprechender Familienprobleme statt. Die Aktivitäten, die wir in diesem Buch vorschlagen, überschreiten die Fähigkeiten, die Kinder in diesem Alter zeigen.

*3 – 4 Jahre*

Die meisten Kinder in dieser Altersgruppe haben einen Wortschatz zwischen tausend und eintausendfünfhundert Wörtern. Sie beginnen, kompliziertere Fragen zu verstehen und zu beantworten. Sie benutzen inzwischen im Wesentlichen Wörter und nicht nur Gefühlsausdrücke und Wutausbrüche, um ihre Unabhängigkeit zu zeigen. Die Ebene ihrer Kommunikation und ihres Verständnisses macht es ihnen möglich, sich auf einfache Vereinbarungen einzulassen und auch schon mal einen vorgefassten Wunsch zu ändern. Sie mögen einfache Spiele, wo sie ihre Fertigkeiten zeigen können. Beachten Sie, dass Kinder in diesem Alter anderen Personen gefallen möchten und dass sie es deshalb mit der Aufrichtigkeit nicht immer besonders ernst nehmen.

Drei bis vier Jahre alte Kinder verstehen in der Regel einfache Gefühle, wie »ich bin glücklich«, »ich bin traurig« und »ich habe Wut«. Sie können schon mit anderen teilen und können in einer Gruppe mit anderen spielen. Anfangs mögen sie noch Trennungsschwierigkeiten haben, wenn sie in einen Kindergarten geschickt werden. Aber sie werden zunehmend in solchen Einrichtungen ruhiger und sicherer. Müssen sie in ein Krankenhaus, ist es häufig besser, wenn sie von einem älteren Geschwister oder einer ihrer Bezugspersonen begleitet werden.

*4 – 5 Jahre*

Die meisten Kinder dieser Altersgruppe haben ihren Wortschatz wesentlich erweitert und können die Bedeutung einzelner Worte diskutieren. Sie können Anweisungen folgen, die aus mehreren Teilen bestehen – beispielsweise: »Nehmt jetzt bitte euer Spielzeug. Legt es in den Spielzeugkasten und macht den Deckel zu«. Sie verstehen das Gegenteil einer Sache und benutzen extensiv die Warum-Frage. Anweisungen werden in diesem Alter häufig zu einem Problem für Kinder, weil sie jetzt anfangen, verstärkt an ihren eigenen Nutzen zu denken. Das kann dazu führen, dass sie ausgiebig zu argumentieren beginnen. Ihre Vorstellungskraft ist in diesem Alter sehr ausgeprägt. Kinder lieben lustige Spiele, sie können jedoch nicht in jedem Fall einen

Witz erfolgreich erzählen. Aber sie lieben noch immer fantasiereiche Geschichten. Wenn sie erst einmal die Schule besuchen, erweitern sich ihre Erfahrungen nahezu schlagartig und sie brauchen eine gewisse Zeit, um mit all den Veränderungen fertig zu werden. Das kann zu einigen Schwierigkeiten im Verhalten führen, im Einzelfall auch zu dominantem und physisch aggressivem Verhalten.

*6 – 8 Jahre*

Die Kinder werden jetzt sehr aktiv. Sie wirken häufig unstet, zeigen verstärkt Frustrationen und regredieren manchmal in bereits überwundene Verhaltensweisen. Sie werden wieder launisch und schnell wütend. Manchmal wirken sie so, als würden sie von einem Ende der emotionalen Skala zum anderen Ende pendeln. Enthusiastisch beginnen sie mit neuen Aufgaben, aber sie haben Schwierigkeiten, bei der Sache zu bleiben, wenn sie nicht von einem Erwachsenen unterstützt werden. Noch immer suchen sie körperliche Nähe und hängen deshalb häufig noch immer an einem Knuddel-Tier oder nuckeln am Daumen, selbst wenn sie diese Gewohnheit schon aufgegeben hatten. Dinge an sich zu nehmen, die anderen Kindern gehören, finden sie häufig normal. Sie »finden« immer mal wieder kleine Dinge in der Schule. Sie beschimpfen hin und wieder andere Leute und benehmen sich überhaupt verbal aggressiv. Sie reagieren positiv auf Lob, d.h. auch, dass ein Belohnungssystem in dieser Altersgruppe wirkungsvoll ist. Das gilt auch für die meisten Spiele, die wir in diesem Buch vorschlagen. Kinder werden sie verstehen und werden in der Lage sein, einem bestimmten Programm, das Sie vorschlagen, zu folgen.

Im Alter von sieben nimmt die Konzentrationsfähigkeit in der Regel zu und die Kinder können in der Vorbereitung und Durchführung von Interventionsprogrammen stärker belastet werden als vorher. Weil sie sich besser konzentrieren können, wirken sie manchmal so vertieft in ihre Tätigkeiten, dass Erwachsene den Eindruck haben, sie wären taub auf den Ohren. Manchmal sind sie noch immer vergesslich und brauchen deshalb Erinnerungen und Ermahnungen durch Erwachsene. Der Umgang mit starken Gefühlen ist für Siebenjährige noch immer schwierig. Oft werden sie wütend und aggressiv, um Konflikte zu lösen und ihre Spannung zu reduzieren. Kinder dieser Altersgruppe können ihre Gefühle noch nicht diskutieren, mindestens nicht solange sie noch wütend sind. Zu einem späteren Zeitpunkt ist dies aber durchaus möglich. Sie sind schlechte Verlierer und versuchen manchmal zu mogeln. Aber sie beginnen in diesem Alter bereits, einen Sinn für Fairplay zu entwickeln.

Siebenjährige sind in der Lage, den Standpunkt einer anderen Person zu verstehen, wenn er ihnen erklärt worden ist; sie können auch erkennen, wie ihr Handeln andere beeinflusst. Das ist normalerweise das jüngste Alter für Aktivitäten, welche die Fähigkeit voraussetzen zu erkennen, wie andere reagieren. Achtjährige erscheinen häufig schon als seien sie ziemlich weit entwickelt. Sie können zeigen, dass sie glücklich sind. Sie können frech sein und stolz, manchmal wohl auch prahlerisch, und sie können in ihrer Arbeit mit Erwachsenen Zuverlässigkeit und Bedachtsamkeit zeigen. Gewöhnlich können sie gut in Gruppen zusammenarbeiten, obwohl sie dazu neigen, andere zu kritisieren, gleichzeitig aber unwirsch reagieren, wenn sie ihr Gesicht verlieren. Mit acht beginnen sie gewöhnlich, die Bedeutung der Zeit zu verstehen und positiv auf Spiele zu reagieren, die sich mit Vergangenheit, Gegenwart und Zukunft beschäftigen. Sie können jetzt schon ganz gut mit Kränkungen umgehen und müssen deshalb nicht mehr so häufig ihre Fäuste gebrauchen. Allgemein gesprochen werden sie jetzt unabhängiger.

*9 – 10 Jahre*

Mit neun Jahren beginnen Kinder in der Regel, ihre Handlungen einen Schritt im Voraus zu planen. Das führt zu Hobbys wie dem Sammeln unterschiedlicher Gegenstände. Sie sind jetzt weniger an Fantasiespielen interessiert, sie reagieren auf Gruppendruck und können in Gruppen kooperativ zusammenarbeiten, obwohl gemischte Gruppen häufig für sie eine schwierige Aufgabe darstellen – sie bevorzugen die Gemeinschaft mit dem gleichen Geschlecht. Sie entwickeln ein größeres Interesse an sportlichen Aktivitäten, aber sie wollen ihrer Altersgruppe eigentlich eher gefallen als im Spiel gewinnen. Neunjährige entwickeln Schuldgefühle und brauchen nicht mehr auf den Unterschied zwischen »richtig« und »falsch« hingewiesen zu werden. Sie haben Spaß an bestimmten Formen der Verantwortung, was für therapeutische Zwecke nutzbar gemacht werden kann. Sie können Dinge, die sie einmal gelernt haben, auch schon auf andere Situationen übertragen. Freundschaften sind für die meisten Zehnjährigen von großer Bedeutung und werden manchmal wichtiger als die Pflege der Beziehungen zur eigenen Familie. Die Unterschiede zwischen den beiden Geschlechtern vergrößern sich – Mädchen reifen schneller und blicken von daher auf die Jungen herunter. Die Altersgruppe ist noch immer an gemeinsamen Familienexkursionen interessiert, vor allem, wenn sie einen Freund bzw. eine Freundin mitbringen können. Das Leben beginnt für sie eine bestimmte Bedeutung zu gewinnen, und sie können der Zusammenarbeit mit einem Sozialpädagogen oder einer Therapeutin positive Seiten abgewinnen.

*11 – 13 Jahre*

Während der Pubertät nehmen die Kinder schrittweise Werte und Normen Erwachsener an, aber man erwartet von ihnen noch immer, dass sie sich wie Kinder benehmen. Jugendliche in diesem Alter unterscheiden sich in ihrem Verhalten und in ihrem Benehmen sehr stark voneinander und einige dieser Differenzen hängen sicherlich mit ihrer physischen Entwicklung zusammen. Sie möchten für sich selber verantwortlich sein und nicht mehr von einem Erwachsenen abhängen, aber in vielen Fällen sind sie dazu noch nicht fähig. Sie argumentieren und diskutieren gern, weil sie jetzt in der Phase sind, in der sie eigene Ideen und Identitäten ausbilden. Elfjährige erscheinen emotional instabil, sie werden plötzlich wütend oder lachen hysterisch. Sie drücken ihren Ärger aus, indem sie Einrichtungsgegenstände zerschlagen oder gegenüber anderen handgreiflich werden. Es ist in der Tat so, dass junge Leute dieser Altersgruppe schlecht auf sich selber und auf ihr Eigentum aufpassen können. Ihre Kinderzimmer wirken chaotisch und selbst ihre Lieblingskleider werden achtlos auf dem Boden verstreut. Sie werden abends müde, aber sie hassen es, zu Bett geschickt zu werden und haben Schwierigkeiten mit dem Aufstehen. Aber gewöhnlich sind sie in der Schule besser als zu Hause, und sie können die Konkurrenz mit anderen Altersgleichen durchaus genießen. In ihrem Denken werden sie logischer und diese Fähigkeit wenden sie auch auf Gegenstände jenseits ihrer direkten Erfahrungen an.

Mit zwölf Jahren haben sie sich bis zu einem gewissen Grad wieder gefangen. Die Schule kann während dieser Zeit von großer Bedeutung sein. Sie arbeiten jetzt unabhängiger und beteiligen sich eigenständig an Diskussionen. Das Interesse am anderen Geschlecht nimmt zu. Körperliche Auseinandersetzungen finden noch statt, obwohl in diesem Alter die Fähigkeit zum verbalen Ausdruck des eigenen Zorns bereits entwickelt ist.

Mit dreizehn Jahren werden viele Jugendliche introspektiv. Das ist eine launenhafte und zu häufigem unbegründeten Schmollen aufgelegte Phase, in der die Teenager eine neue Sichtweise auf sich selber gewinnen. Das kann dazu führen, dass sie lange Zeit vor dem Spiegel zubringen. Sie möchten nicht mit ihren Eltern identifiziert werden und neigen zu endlosen Argumentationen, selbst wenn die Tatsachen klar und deutlich auf dem Tisch liegen. Ihre Wut mag sich in Tränen äußern, die ihnen unangenehm sind. Es kann deshalb sein, dass sie schmollend den Raum verlassen, noch ehe es so weit ist. Auf der anderen Seite nimmt ihre Konzentrationsfähigkeit zu, auch ihre Selbstkontrolle und die Fähigkeit, sich selber zu organisieren. Es ist deshalb in dieser Altersphase auch in therapeutischen Bemühungen wichtig, dass die Teenager das Gefühl haben, dass sie das, was im Prozess geschieht, kontrollieren können, und wir sollten für Programmänderungen offen sein, die von den Jugendlichen selber vorgeschlagen werden. Wir müssen aber hart arbeiten, um in diesem Alter einen Teenager am gemeinsamen Prozess zu engagieren.

## 14 – 16 Jahre

Im Laufe der Entwicklung im Jugendalter nehmen die spezifischen Ängste Jugendlicher in der Regel ab. Gleichzeitig aber wachsen Befürchtungen, die mit der eigenen Zukunft und der schulischen Karriere zusammenhängen. Das hängt vor allem mit den anstehenden schulischen Examina zusammen. Mit vierzehn ist man eher nach außen gewandt und genießt sein Leben in vollen Zügen. Freundlichkeit und Verantwortungsbereitschaft herrschen vor und richten sich insbesondere auf Personen außerhalb der eigenen Familie. Selbst mit den eigenen Eltern gestalten sich die Beziehungen weniger konfliktreich, sofern Eltern in der Lage sind, ihren Kindern eine altersangemessene Verantwortung zu übertragen. Wenn es Konflikte mit Eltern oder anderen Personen gibt, dann suchen Vierzehnjährige häufig ihre Zuflucht zu sarkastischen Bemerkungen, zu Flüchen oder zur Verwendung von Schimpfwörtern. Sie können sich dabei in große verbale Wut steigern, aber sie können gleichzeitig auch zeigen, dass sie über zunehmende Selbstkontrolle verfügen. Allgemein gesprochen werden die Vierzehnjährigen in der Betrachtung des Standpunktes einer anderen Person objektiver. Die Gruppe der Gleichaltrigen ist für sie von großer Bedeutung. Man verbringt manche Stunden am Telefon und genießt die Möglichkeit eines distanzierten Flirts mit einem Mitglied des anderen Geschlechtes ohne das Risiko unmittelbarer Konsequenzen. Fünfzehnjährige scheinen einen Teil ihres Enthusiasmus zu verlieren – sie erscheinen manchmal eher apathisch und indifferent. Dort, wo man dies beobachtet, ist es häufig die Wiederholung einer Phase der Introspektion. Entscheidungen für das ganze Leben sind zu treffen, und das setzt manchen Jugendlichen und ihren Gedanken, Gefühlen und Optionen deutlich wahrnehmbar zu. Es gibt in diesem Alter auch schon eine erhöhte Toleranz gegenüber anderen, vor allem dort, wo Teenager ihrer selber sicherer werden und sich ihre Wertvorstellungen und Glaubenssätze festigen.

Wenn sie das sechzehnte Lebensjahr erreichen, zeigen viele Jugendliche häufig ein großes Maß an Selbstvertrauen und machen den Eindruck als wüssten sie, wo es lang geht. Sie haben eine Menge sozialer Fertigkeiten übernommen und sollten gelernt haben, Konflikte erfolgreich zu bearbeiten und zu lösen. Wenn sie die rechten Möglichkeiten erhalten haben, sollten sie eine Reihe von Fertigkeiten erworben haben, um sich unabhängig von anderen um sich selbst zu kümmern. In der Arbeit mit ihnen sollte man eine Reihe von Optionen ansprechen und es ihnen überlassen, sich für die Option zu entscheiden, bei der die Kosten und der zu erwartende Nutzen in einem günstigen Verhältnis stehen. Viele Jugendliche blicken in diesem Alter gern in die eigene Zukunft und erproben mögliche Optionen. Das macht Spiele wie die »Vergangenheit, Gegenwart und Zukunft« für diese Altersgruppe zu einem attraktiven Angebot.

**Länge von Aktivitäten**

Wir sind nicht in der Lage, die Zeitdauer für jede der von uns beschriebenen Aktivitäten vorzugeben. Dies hängt von den jeweiligen Kindern ab, von unserem eigenen Rhythmus und von der Art und Weise, wie wir das Material benutzen. Wir haben lediglich dann versucht, Hinweise zu geben, wenn wir Aktivitäten vorschlagen, die in der Regel länger als eine Sitzung dauern. Man sollte sowieso so viel Zeit wie nötig investieren, weil Kinder sich benutzt und beiseite geschoben fühlen, wenn wir ein Spiel unterbrechen, ehe es beendet ist. Wenn man erst einmal verschiedene Aktivitäten mit einem Kind durchgespielt hat, wird man eher in der Lage sein einzuschätzen, wie viel Zeit man im Einzelfall brauchen wird. Wenn man merkt, dass die Zeit nicht reicht, sollte man versuchen einen natürlichen Ruhepunkt in der Aktivität zu finden und sollte dem Kind sagen, was man tun wird, um es das nächste Mal sinnvoll fortsetzen zu können. Über dieses Arrangement sollte man sich immer eine Notiz machen, damit man das Arrangement nicht vergisst und das Kind das nächste Mal nicht enttäuscht ist. Allgemein scheint es uns eine gute Regel zu sein, nur eine der von uns vorgeschlagenen Aktivitäten oder Spiele für jede Sitzung ins Auge zu fassen. Der erste Punkt jeder neuen Sitzung sollte allerdings ein kurzer Rückblick auf den Fortschritt der vergangenen Sitzung sein.

**Materialien**

Alle Illustrationen, Arbeitsblätter und Materialien im Anhang dieses Buches können vervielfältigt und benutzt werden. Die Benutzer werden aber möglicherweise einige der Materialien im Kopierer vergrößern wollen, um sie vernünftiger nutzen zu können. Bitte beachten Sie, dass der Text dieses Buches nicht frei verfügbar ist, sondern den üblichen Copyright-Bestimmungen unterliegt.

Sie werden selber herausfinden, welche Vorlieben Ihre Kinder im Hinblick auf das Material haben, das Sie ihnen zur Verfügung stellen. Das bezieht sich auf weißes oder mehrfarbiges Papier, auf bestimmte Farbstifte oder Farbfilzer und deren Schriftbreite. Probieren Sie bitte aus, ob das Schreibmaterial in gleicher Weise geeignet ist, um zu schreiben und zu malen. Ältere Kinder bevorzugen dabei eher weißes Papier und Fineliner, wie sie auch Erwachsene verwenden. Kinder sind häufig stolz auf das, was sie in den gemeinsamen Sitzungen hervorbringen und möchten es in einer eigenen Kladde eintragen oder in einer besonderen Sammelmappe mit nach Hause nehmen und es zu jeder Sitzung zurückbringen. Wenn das der Fall ist, dann bitten Sie die Kinder darum, jeweils Kopien anfertigen zu dürfen, damit Sie einen Überblick über den Fortschritt der Arbeit behalten. Dabei ist es immer sinnvoll, den Kindern die Aufgabe zu geben, die Fotokopien auf einem Apparat in Ihrem Sprechzimmer selber zu machen, damit Sie sehen, was mit ihrem Werk geschieht. Für einige Aktivitäten brauchen Sie eine Sicherheitsschere, dünne Pappe und einen Klebestift, einen Taschenrechner und ein Würfelspiel. Einfache Handpuppen sind für Rollenspiele nützlich. Kinder mögen es, wenn diese Puppen Namen haben. Für manche Aktivitäten brauchen sie Plasteline oder eine verschiedenfarbige Knetmasse.

**Das Setting**

Sie werden nicht immer frei in der Entscheidung sein, wo Sie Ihr Kind und seine Familie treffen werden. Aber es ist wichtig, dass der Ort so anheimelnd wie möglich gestaltet ist – das gilt besonders für die jüngeren Altersgruppen. Jüngere Kinder mögen ein Arrangement mit Spielfiguren, die weich in der Hand liegen, ein paar Puzzles, Spielzeugautos und Bausteine, mit denen sie spielen können, wenn Sie mit ihren

Bezugspersonen sprechen. Auch Teenager mögen eine gemütliche Umgebung, aber man sollte das Spielzeug wegräumen, bevor sie kommen. Manchmal aber mögen es auch Teenager, dass sie beim ersten Gespräch oder wenn sie über ihre Gefühle reden, einen Teddybär im Arm halten können. Ist der Raum groß genug, können Kinder in ihm spielen, während Sie mit der Bezugsperson reden, um grundlegende Informationen zu gewinnen. Es gibt allerdings Kinder mit extremen Angstgefühlen, die darunter leiden, dass ihnen nicht genügend Aufmerksamkeit geschenkt wird und die sich an ihre Bezugsperson klammern. In solchen Fällen wäre es gut, wenn eine zweite Person zumindest bei den Erstgesprächen anwesend wäre, die mit dem Kind in einem zweiten Raum wartet. Auch wenn Sie mit der Bezugsperson Fragen besprechen, die das Kind – aus welchen Gründen auch immer – nicht hören soll, wäre es notwendig, mit der Bezugsperson ein Vieraugengespräch zu führen.

Kinder fühlen sich schneller in einem Raum wohl, der ruhig ist und Tische und Stühle enthält, die auf ihre Größe eingestellt sind. Sie sollten dann auf der gleichen Ebene sitzen wie das Kind und sollten deswegen für einen bequemen, aber niedrigen Stuhl, sorgen. Es ist das Beste, wenn Sie neben dem Kind sitzen oder an der rechtwinklig anschließenden Seite des Tisches, aber nicht gegenüber. Dann können Sie beide die Arbeit betrachten, die vor ihnen liegt, ohne sie jeweils in der einen oder anderen Richtung drehen zu müssen. Wenn Sie mit einer Familie zusammenkommen, dann stellen Sie bitte sicher, dass genügend Stühle vorhanden sind und zwar in der selben Höhe wie Ihr Stuhl und dass genügend Raum im Zimmer vorhanden ist. Auch dabei kann es nützlich sein, etwas Spielzeug im Raum zu haben oder eine Ecke, in der man auf dem Boden sitzen und malen kann. Wenn Sie einen familientherapeutischen Ansatz benutzen, so stellen Sie dabei sicher, dass Sie das Kind oder die Kinder nicht vom gemeinsamen Familiengespräch ausschließen.

**Die Sitzungen**

Sie sollten immer zum Erstgespräch die wichtigsten Familienmitglieder einladen, einschließlich die Mitglieder der Pflegefamilie bzw. Stiefvater oder Stiefmutter, wenn sie mit dem Kind zusammenleben. Das Minimum wären die Bezugspersonen und das Kind. Innerhalb der Sitzung ist es von Bedeutung, genügend Zeit für das Kind zu reservieren, und diese Zeit ist es gemeinhin, in der Sie die meisten der Aktivitäten durchführen können, die wir in diesem Buche beschreiben. Am Ende jeder Sitzung werden Sie mit Erlaubnis des Kindes der Bezugsperson kurz berichten, was Sie getan haben. Auch das geschieht gewöhnlich in Anwesenheit des Kindes. Erklären Sie, warum Sie die entsprechenden Aufgaben mit dem Kind bearbeitet haben und ermutigen Sie es, der Bezugsperson alles darüber zu erzählen. Mit ihr können Sie auch bestimmte Hausaufgaben besprechen, welche die Arbeit in der Sitzung vertiefen und konsolidieren sollen. Machen Sie sich Notizen über die Hausarbeit und fragen Sie die Ergebnisse zu Beginn der folgenden Sitzung auf jeden Fall ab. Diese Regel hängt allerdings sehr vom Alter des Kindes und den bearbeiteten Themen ab.

**Unterstützung während des Spiels**

Das Ausmaß Ihrer Unterstützung bei den Spielen hängt von der Persönlichkeit, den Fähigkeiten und der Selbstständigkeit Ihres Kindes ab. Bei der Beschreibung der einzelnen Spiele werden Sie feststellen, dass wir die Stellen markiert haben, bei denen zusätzliche Fragen des Kindes von Nöten sind, oder auf welche Weise man zusätzliche Informationen von ihnen gewinnen sollte. Als eine allgemeine Regel gilt, dass jüngere Kinder besser damit umgehen können, wenn man sie zwischen einigen Vorschlägen auswählen lässt, während Kinder ab acht oder neun Jahren in der Lage sind, mit Aufgabenstellungen fertig zu werden, bei denen sie Beispiele nennen, Beispiele erfragen können. Teenager bevorzugen in der Regel offene Fragen, sofern sie über hinreichende kommunikative Fertigkeiten verfügen und Sie eine gute Beziehung zu ihnen hergestellt haben.

**Allgemeine Tipps für die Arbeit mit Kindern**

Obwohl alle Kinder verschieden sind und deshalb jeweils individuelle Vorgehensweisen nahe legen, haben wir ein paar allgemeine Beobachtungen und Vorschläge erarbeitet, die von Nutzen sein können:

- Wenn es um Schreibarbeit geht, werden einige Kinder selber schreiben wollen, andere werden Sie als ihre »Sekretärin« benutzen wollen. Lassen Sie ihnen die freie Wahl.
- Denken Sie daran, dass alle unsere Spiele nur dann von Nutzen sind, wenn das Kind Spaß hat und eine aktive Rolle übernehmen kann. Wenn das Kind kein Interesse zeigt, ist es besser, die Aktivität zu wechseln.
- Erlauben Sie dem Kind, so viel Kontrolle wie möglich über die Aufgaben zu gewinnen, beispielsweise in der Auswahl des Materials und der Farben.
- Wenn Kinder sich scheuen, eine gestellte Aufgabe unter Ihren Augen zu lösen, dann machen Sie es einfach vor und tun es dabei auf eine nicht besonders geglückte Weise. Wenn es darum geht, einen Mann zu zeichnen, dann könnten Sie sich beispielsweise darauf beschränken, ein Strichmännchen zu malen. Das Kind wird dann wenig Schwierigkeiten haben, es besser zu machen.
- Kinder haben ein Recht auf Verschwiegenheit innerhalb der legalen Grenzen. Sprechen Sie deshalb mit Ihrem Kind, ehe Sie mit seinen Eltern über die Arbeit sprechen. Erklären Sie ihm, dass es die Ergebnisse der Arbeit zu Hause nur dann vorzeigen müsse, wenn es sich dazu entschließt.
- Indem Sie die therapeutische Sitzung zu einer lustvollen Angelegenheit machen, helfen Sie, dass sich die Kinder entspannen und dabei werden Sie sich ihnen leichter und besser öffnen.
- Versuchen Sie immer, dass für die Arbeit benötigte Material bereits vor der Sitzung bereitzulegen.

- Versuchen Sie eine Brücke zwischen zwei Sitzungen herzustellen, indem Sie ein nicht emotional-belastetes Thema aus der letzten Sitzung aufgreifen, das das Kind angesprochen hat – beispielsweise »Was machen deine Kaninchen?«

**Eine Warnung**

Bitte, verlassen Sie sich nicht ausschließlich auf dieses Buch. Die kreativen Spiele und Aktivitäten, die wir vorschlagen, werden die Probleme Ihrer Klienten nur lösen, wenn Ihre gesamte Arbeit auf guten und zuverlässigen Fundamenten ruht. Ordnen Sie deshalb bitte unsere Vorschläge in den Kanon Ihres psychologischen Wissens und Ihrer Fertigkeiten ein, Vorgehensweisen zu benutzen, die wissenschaftlich erprobt und fundiert sind. Die Aktivitäten, die wir in diesem Buch vorschlagen, sind zusätzliche Werkzeuge und werden Sie nicht in einen Kindertherapeuten verwandeln! Im Gegenteil: Es sind Ihre Fertigkeiten als Therapeutin und als Therapeut, die unsere Ideen und praktischen Beispiele in sinnvolle therapeutische Werkzeuge verwandeln.

# Sich kennen lernen

Die Spiele unter dieser Kapitelüberschrift sind dazu bestimmt, frühzeitig im Prozess als ein Teil der anamnestischen und diagnostischen Bestandsaufnahme zu fungieren. Wie wir bereits in unserer Einführung geschrieben haben, ersetzen sie nicht das Erstinterview. Dazu brauchen Sie eine große Bandbreite von Informationen, um zu verstehen, was eigentlich Sache ist. Unsere Vorschläge in diesem Kapitel können allerdings helfen, die Informationen, die Sie bereits gewonnen haben, einzuschätzen und zu bewerten. Sie können auch helfen, eine tragfähige zwischenmenschliche Beziehung mit Ihrem Kind anzubahnen und es auf die Idee vorzubereiten, zusammen mit Ihnen über seine Schwierigkeiten zu reden.

## Meine Welt

**Alter:** 4 – 11 Jahre

**Zielsetzung:** Kontakt zu dem Kind aufzunehmen und eine Gelegenheit zu schaffen, mit ihm über sich selber auf eine nicht bedrohliche Weise zu sprechen, dabei Informationen über das Kind als eine Person mit eigenen Rechten und eigener Biografie zu bekommen und gleichzeitig dem Kind helfen, positive Gefühle gegenüber sich selbst zu entwickeln. Ein solches Vorgehen sollte gewählt werden, *ehe* emotional gravierende Probleme besprochen werden.

**Material:** A3- oder A4-Papier, Farbstifte und Bleistifte, vielleicht auch ein kleiner runder Teller als Vorlage, um darum herum Kreise zu malen.

**Methode:** Die meisten 7-Jährigen und Ältere werden dazu in der Lage sein, für jüngere Kinder wird sich die Variation empfehlen, die sich anschließt.

Erklären Sie dem Kind, dass Sie jetzt zusammen eine Aufgabe lösen werden, bei der Sie ein bisschen mehr über das Kind erfahren können. Fragen Sie, ob das Kind weiß, wie man eine Weltkugel malt, weil Sie so etwas auch machen wollen. Wenn das Kind dies noch nicht versteht, dann wird es vielleicht diese Aufgaben nicht bewältigen können, wechseln Sie deshalb zu der Variation etwas weiter hinten. Geben Sie dabei die Erklärung, dass Sie jetzt eine Idee hätten, die vielleicht besser passt.

Wenn das Kind den Eindruck erweckt, es würde mit der Aufgabe fertigwerden können, so schreiben Sie oder bitten das Kind es selbst zu tun, als Überschrift »Meine Welt von ...« und dann bitten Sie das Kind, seinen Namen dahinter einzutragen. Dann bitten Sie das Kind, einen großen Kreis auf das Papier zu malen und beschreiben Sie den Kreis als eine Welt. Lassen Sie das Kind Sterne darum herum malen, vielleicht auch einen Mond oder eine Rakete. Sagen Sie dem Kind, wie es seine eigene Welt beschreiben könnte – die Leute, mit denen es gern zusammen sein möchte, die Sachen, die es gern täte usw. Ermutigen Sie das Kind, über seine eigene Welt zu berichten und stellen Sie dazu passende Fragen. Versuchen Sie sich auf positive Tatsachen zu beschränken. Beispielsweise könnten die folgenden Fragen sinnvoll in diesem Zusammenhang sein:

- Was isst du am liebsten?
- Wer ist dein bester Freund?
- Was machst du am liebsten nach der Schule?
- Welche Lieblingstiere hast du?
- Wo bist du in der Schule besonders gut?
- Was ziehst du am liebsten an?
- Welche Fernsehprogramme hast du am liebsten?
- Was machst du am liebsten an den Wochenenden und in den Ferien?

Versuchen Sie Ihre Fragen gezielt an den Interessen des Kindes zu orientieren und benutzen Sie dabei Ihr zunehmend größer werdendes Wissen über das Kind, um Ihren Fragen Richtung zu geben. Wenn Sie beispielsweise wissen, dass das Kind Fußball mag, dann werden Sie als nächstes nach dem Verein fragen, den es bevorzugt. So wie das Kind antwortet, sollten Sie die Antwort in die Welt eintragen und dem Kind vorschlagen, um jedes Wort eine Insel zu malen. Wenn Sie damit fertig sind, können Sie vorschlagen, das Bild dadurch zu vervollständigen, dass es um die vielen Inseln so etwas wie ein Meer malt und noch anderes hineinzeichnet. Betrachten Sie bitte in diesem Zusammenhang die Kinderzeichnung »Meine Welt« (S. 25).

Sprechen Sie mit Ihrem Kind über die Zeichnung und erklären Sie, dass all die unterschiedlichen Dinge in dem Kreis (nämlich die Inseln) ein Ganzes ausmachen (nämlich die Welt). Und genauso wie die Welt einzigartig und einmalig ist, so ist es auch jedes der Kinder. Das Beispiel, das von einem sieben Jahre alten Jungen gezeichnet worden ist, enthält fünf wichtige Informationen – und das wird möglicherweise die Zahl sein, die von einem Kind dieses Alters auf freiwilliger Grundlage innerhalb einer Sitzung zu erwarten ist. Aber wir können als Therapeuten auf diesen Informationen aufbauen. Wir können beispielsweise fragen: »Wer ist der Bernd«, wir können auch fragen: »Gibt es noch andere Sachen in der Schule, die du gern hast – außer Sport?«, wir können auch fragen: »Wer hat denn sonst noch einen Hund unter deinen Freunden?«, und wir können fragen, ob unser Kind Fernsehen eigentlich am liebsten hat oder den ›Kommissar‹ nur anguckt, wenn es sonst keine lohnendere Beschäftigung vor Augen hat. Daneben gewinnen wir auch extrafunktionale

ich BiN Daniel
ich LiBE REiTEN
UND MALEN
ich LiBE
GRiSBREI UND FARADFARN
ich LiBE KUCHEN BACKEN
UND HOLGER  ich LiBE
MEMORi UND HUNDE
ich LiBE APFELSAFT
MEiNE LiBLiNGSFABE GELB
ich LiBE SCHBAGETi
UND RiTTER UND PiRATEN
ich LiBE KLOS

Informationen über unser Kind, beispielsweise wie gut es in der Feinmotorik des Zeichnens ist und wie gut es sich in einer Vieraugensituation konzentrieren kann. Wir gewinnen auf diese Weise den Zugang zu einer Reihe von Informationen, die wir dem Kind auch zurückspiegeln können, um ihm seine Besonderheit und seine Vorzüge zu verdeutlichen.

*Variante: Ich bin ...*

Als eine einfache Aufgabe für jüngere Kinder oder Kinder, die noch nicht so weit entwickelt sind, dass sie die Idee »einer Welt für sich selber« verstehen, können wir vorschlagen, dass sie ein Bild malen, bei dem sie selber in der Mitte einer DIN A4-Seite stehen und dazu schreiben, »ich bin ...«, mit dem Namen des Kindes in der Mitte. Wenn sie das noch nicht malen können, so können wir die Aufgabe für das Kind übernehmen. Die Erklärung wäre, dass wir herausfinden wollen, was für eine Person das Kind ist, was es mag, was es macht und mit wem es am liebsten zusammen ist. Die Antworten können Sie stichwortartig um das Selbstportrait des Kindes gruppieren. Bleiben Sie dabei im Positiven und helfen Sie dem Kind, wenn es über eine geringe Selbstwertschätzung verfügt, einige positive Eigenschaftswörter zu finden. In unserem Beispiel haben wir die Zeichnung eines achtjährigen Jungen (»Ich bin Daniel«, S. 27). Er hat die Zeichnung selbstständig angefertigt und wir haben auch nicht den Versuch gemacht, seine Rechtschreibfehler zu korrigieren. Eine solche Korrektur, die von Schuldidaktikern als geboten angesehen wird, weil man falsche Wörter – weder an der Tafel noch auf dem Papier – stehen lassen sollte, könnte zu einem späteren Zeitpunkt korrigiert werden, wenn wir nach geraumer Zeit die Selbstaussage noch einmal vornehmen und im Lichte der Fortschritte beschließen, die paar kleinen Fehler auszumerzen, damit sie sich nicht im Kopfe festsetzen. Auch aus dieser Zeichnung können sich eine Reihe von wichtigen Fragen ergeben, beispielsweise »wer denn den Kuchen bäckt«, »wer Holger ist« und was die »Ritter« für Daniel bedeuten.

**Siehe auch:**
- Gefühlsrad (S. 39)
- Gute Nachrichten über mich (S. 117)
- Glücklich, traurig und sauer (S. 30)
- Was ich glaube (S. 121)

## Satzergänzung

**Alter:** 4 Jahre und älter

**Zielsetzung:** Zu explorieren, wie das Kind über spezifische Gegenstände denkt.

**Material:** DIN A4-Papier, Farbstifte. Eine Kladde kann an Stelle loser Seiten benutzt werden.

**Methode:** Diese Aktivität ist besonders sinnvoll, wenn Kinder sehr scheu sind und Schwierigkeiten beim Augenkontakt haben. Versuchen Sie dabei, eine spielerische Atmosphäre herzustellen, indem Sie beispielsweise das Kind wählen lassen, mit welcher Farbe Sie oder das Kind selber, wenn es das schon kann, die Satzergänzung aufschreiben soll. Sie schreiben dann mit einem normalen schwarzen Stift den Beginn eines Satzes und bitten das Kind, den Satz zu ergänzen und ihn (wenn das schon möglich ist) selber aufzuschreiben. Sie beginnen mit angenehmen Fragen, wie beispielsweise »eine Sache, die mich immer glücklich macht, ist …« und bewegen sich dann zu tiefergehenden Fragen, je nachdem, wie schnell das Kind Spaß an der Spielidee gewonnen hat und mit ihr »aufgetaut« ist.

Achten Sie auf die nichtverbalen Reaktionen des Kindes auf die Fragen. Wenn es den Eindruck erweckt, dass es eine bestimmte Frage schwierig findet, sollten Sie für eine Weile auf ein ungefährliches Thema ausweichen, um es dem Kind zu ermöglichen, sich zu entspannen. Sie müssen dabei den Rhythmus einschätzen und vorgeben und sich daran erinnern, dass es immer gut ist, mit einem angenehmen und positive Gefühle weckenden Satz zu enden. Gehen Sie nachher noch einmal die Ergänzungen des Kindes durch und laden Sie es ein, noch ein paar Informationen auf den Gebieten zu geben, die für Sie besonders wichtig sind.

*Variante: Jemand wie ich*

Diese Aktivität kann benutzt werden, um gemeinsam das Projekt eines kleinen Buches zu realisieren, in dem ein fiktives Kind ähnliche Erfahrungen wie Ihr Kind macht. Ihr Kind komplettiert dabei Sätze, die sich damit beschäftigen, wie dieses Kind sich fühlt, mit wem es gerne reden möchte und wie es sich fühlt, nachdem es darüber gesprochen hat. Auch hier sollte die Übung mit einer positiven Satzergänzung beendet werden.

**Siehe auch:**
- Gefühlsrad (S. 39)
- Glücklich, traurig und sauer (S. 30)

## Glücklich, traurig und sauer

**Alter:** 5 – 14 Jahre

**Zielsetzung:** Das Spiel soll den Gesprächsgegenstand »Gefühle« einführen und dabei die Botschaft vermitteln, dass es legitim sei, Gefühle wie Ärger oder Trauer zu empfinden. Das ist eine indirekte Weise, um dem Kind den Eindruck zu vermitteln, dass es gut sei, Themen mit starker emotionaler Bedeutung anzusprechen und Gefühle zu diskutieren, ohne dabei direkt mit dem therapeutischen Gesprächspartner reden zu müssen.

**Material:** Farbstifte und DIN A4-Papier.

**Methode:** Bitten Sie Kinder, von deren Fähigkeit zu zeichnen Sie sich bereits überzeugen konnten, drei unterschiedliche Gesichter (ein glückliches Gesicht, ein trauriges Gesicht, ein ärgerliches Gesicht) zu malen. Tragen Sie Sorge, dass das Kind die Gesichter gleichmäßig auf einer DIN A4-Seite im Querformat verteilt, damit Sie darunter die im weiteren Verlauf formulierten Beispiele schreiben können. Wenn das nicht geht, dann malen Sie im Anschluss Sprechblasen um die einzelnen Aussagen, um sie deutlich den drei verschiedenen Gesichtern zuordnen zu können. Orientieren Sie sich bitte dabei an der Kinderzeichnung. Wenn die drei unterschiedlichen Gesichter auf dem Papier stehen, fragen Sie bitte das Kind, was diese wohl dazu bringen mag, sich glücklich, traurig oder ärgerlich zu fühlen. Jüngere Kinder können Sie fragen, »warum fühlst du dich wohl?« Für ältere Kinder kann die Aufgabe eher abstrakt und ursachenorientiert formuliert werden (»Was macht dich glücklich?«) Fangen Sie auf jeden Fall mit der positiven Emotion an (glücklich) und besprechen Sie jedes einzelne Beispiel, das das Kind Ihnen gibt. Wenn die negativen Gefühle besprochen worden sind, führen Sie das Kind bitte zurück zum positiven Gefühl, um der Aufgabe einen glücklichen Schluss zu geben. In unserem Beispiel (S.31) scheint es Hinweise auf einen geteilten Wohnort unseres Kindes zu geben und auf die besondere Bedeutung, welche die Oma hat.

*Variante: Glücklich, bedrückt, verwirrt*

Für unruhige und ängstliche Kinder kann man auch Gefühle ansprechen wie »bedrückt«, »verwirrt«, aber es empfiehlt sich, die Aufgabe auf drei oder vier Gefühlsausdrücke zu begrenzen und dabei wenigstens ein positives Gefühl anzusprechen.

**Siehe auch:**
- Gesichtsmaske (S. 34)
- Gefühlsrad (S. 39)
- Die Skala meiner Gefühle (S. 37)
- Meine Welt (S. 24)

## Warum? Warum? Warum?

**Alter:** 5 Jahre und älter

**Zielsetzung:** Kindern zu helfen, die Ursachen für ihr Verhalten zu erkennen und dabei Ehrlichkeit und Verständnis bei Gesprächen über schwierige Themen zu unterstützen, vor allem überall dort, wo Kinder selber das Gefühl haben, sie wären schlimm. Das kann unter Umständen wichtige Informationen für die einzuschlagende Richtung der weiteren Arbeit liefern.

**Material:** Farbstifte und DIN A4-Papier, Variante: 2 Briefkästen und Karton.

**Methode:** Fertigen Sie eine Liste möglicher Ursachen für ein bestimmtes Verhalten an. Mischen Sie vernünftige Ursachen mit einigen verrückten Ursachen, die unwahrscheinlich sind – beachten Sie dabei bitte unsere Liste über Ursachenbeispiele für das Bettnässen. Gehen Sie die einzelnen Ursachen mit dem Kind durch, erklären Sie jede einzelne Ursache sorgfältig und ohne ironischen Beigeschmack. Bitten Sie das Kind zum Schluss noch einmal die verschiedenen Ursachen gemeinsam durchzugehen und Ihnen zu sagen, welche Ursachen es für wahrscheinlich hält. Diese Ursachen unterstreichen oder markieren Sie mit einem Kreis, die anderen streichen Sie mit einem dicken Filzer durch. Wenn Sie Ihre Listen anlegen, dann lassen Sie bitte zusätzlichen Raum frei, damit die Kinder andere Ursachen angeben können, als diejenigen, die Ihnen eingefallen sind. Wenn Sie erst einmal die Liste der Ursachen haben, loben Sie das Kind dafür, dass es in der Lage ist, über einen so komplizierten Sachverhalt zu sprechen. Diese Aufgabe bildet dann möglicherweise eine Brücke für andere Aktivitäten wie »Kosten und Nutzen«, die Möglichkeiten für Verhaltensänderungen eröffnen.

---

**Gründe, warum ich ins Bett mache**

- Ich weiß nicht, was ich da tue, ehe ich nicht aufgewacht bin.
- Im Bett ist es so warm und gemütlich und ich möchte nicht aufstehen.
- Ich war so mit meinem Spiel beschäftigt, dass ich vergessen habe, aufs Klo zu gehen.
- Ich habe Angst, nachts allein aufs Klo zu gehen.
- In der Nacht gibt es kein Licht und ich habe Angst vor der Dunkelheit.
- Ich liebe es in meinem Bett zu schwimmen.
- Ich liebe es mir selber Schwierigkeiten zu machen.
- Wenn ich erst einmal anfange, Pipi zu machen, kann ich nicht damit aufhören.
- Ich mache es nur, wenn jemand in mein Schlafzimmer kommt.
- Ich habe es gern, wenn meine Mutti mich in der Nacht badet.

*Variante: Verschicke die Gründe mit der Post*

Der Unterschied besteht darin, dass Sie jeden der verschiedenen Gründe auf dünnen Karton schreiben, um daraus kleine Postkarten zu schneiden. Dann stellen Sie zwei Briefkästen auf, die Sie aus vorhandenen Pappschachteln zurechtschneiden und anmalen können und markieren einen der Briefkästen mit der Aufschrift »Nein, das ist nicht für mich«, und den anderen mit der Aufschrift »Ja, das ist für mich«. Sie geben dem Kind den Auftrag, die Karten in den jeweils zutreffenden Briefkasten zu stecken. Dann nehmen Sie alle Karten aus dem positiven Kasten und ordnen sie in der Reihenfolge, in der das Kind Ihnen sagt, welches der Hauptgrund für sein Verhalten gewesen sei.

**Siehe auch:**
- Kosten und Nutzen (S. 57)
- Die Mauer (S. 52)
- Zoro bezwingt den Berg (S. 46)

# Gefühle

Kinder – und nicht nur sie – haben oftmals Schwierigkeiten, über Gefühle zu sprechen. Insbesondere Teenager zucken mit den Schultern, wenn sie hören, dass sie sich möglicherweise traurig oder in besonderer Weise von etwas angetan fühlen. Wir haben die Aktivitäten dieses Kapitels entwickelt, um sowohl Kindern als auch Jugendlichen zu helfen, ihre Gefühle auszudrücken. Wir wollen dabei quasi-therapeutische Situationen herstellen, innerhalb derer es sich leichter über Gefühle sprechen lässt. Es ist übrigens leichter, den Augenkontakt zu vermeiden (den viele Klienten als bedrohlich empfinden würden) wenn Klient und Therapeutin mit einer »dritten Sache«, mit einer Aufgabe befasst sind.

## Gesichtsmaske

**Alter:** 3 – 8 Jahre

**Zielsetzung:** Kindern zu helfen, der Tatsache ins Auge zu sehen, dass Menschen häufig ihre Gefühle verdecken. Es ist besonders nützlich, wenn ein Kind von einem anderen unglücklichen Kind gepiesackt wird.

**Material:** Farbstifte und DIN A4-Papier, für die Varianten Knetmasse, Plasteline oder anderes leichtgewichtiges Modelliermaterial und dünnen Karton.

**Methode:** Zeichnen Sie ein stilisiertes Gesicht, das einen fröhlichen Eindruck macht und traurig oder eingeschüchtert wirkt, wenn es auf dem Kopf steht (s. S. 35). Mit der gerunzelten Stirn müssen Sie ein bisschen mogeln, um sicherzustellen, dass es auch wirklich lächelt, wenn es nicht auf dem Kopf steht. Zeichnen Sie dieses Bild dem Kind ein paar Male, drehen Sie es dabei immer wieder herum, um zu zeigen, wie die Veränderung zustande kommt und lassen Sie es vielleicht selber eine solche Doppelmaske zeichnen, wenn Alter und Fähigkeiten ihm das erlauben. Schreiben Sie dann unter das lächelnde Gesicht so etwas wie »manchmal lächele ich – dabei fühle ich mich eigentlich sehr traurig«. Schreiben Sie einen solchen Satz rund um die Umrisse des Gesichtes und zwar so, dass das Wort ›lächeln‹ direkt unter dem lächelnden Gesicht steht und das Wort ›traurig‹ direkt unter dem traurigen Gesicht. Sprechen Sie dabei auf unsere Neigung an, Gefühle zu verdecken. Vielleicht können Sie dabei an ein Ereignis im Leben des Kindes anknüpfen, das zu dem Doppelgesicht passt.

*Variante: 3-D-Gesichtsmaske*

Das Ganze können Sie auch mit Knetmasse machen. Aber dann ist es natürlich nicht möglich, den Satz um das Gesicht herum zu schreiben oder es in der Kladde des Kindes zu dokumentieren. Es erfordert für Sie auch mehr Vorbereitung, weil sich die 3-D-Maske schwerer modellieren lässt als die zweidimensionale Zeichnung mit einem Filzstift.

**Siehe auch:**
- Glücklich, traurig und sauer (S. 30)
- Die Skala meiner Gefühle (S. 37)

## Die Skala meiner Gefühle

**Alter:** 6 Jahre und älter

**Zielsetzung:** Es geht darum, die Selbstwahrnehmung des Kindes in einer Reihe unterschiedlicher Problembereiche einzuschätzen. Die Skala soll ein einfaches und visuell zugängliches Instrument darstellen, das in verschiedenen Phasen des therapeutischen Prozesses verwendet werden kann, um die Fortschritte zu begleiten.

**Material:** Sie brauchen dafür ein vorbereitetes Arbeitsblatt, so wie es auf dieser Seite skizziert wird, und Bleistifte.

### Die Skala meiner Gefühle

Name:                                                   Datum

Wie habe ich mich in dieser Woche gefühlt?

|  | das trifft überhaupt nicht zu | | | das trifft voll und ganz zu | | | |
|---|---|---|---|---|---|---|---|
| Ich war glücklich | 0 | 1 | 2 | 3 | 4 | 5 | 6 |
| Ich war fröhlich | 0 | 1 | 2 | 3 | 4 | 5 | 6 |
| Ich war bedrückt | 0 | 1 | 2 | 3 | 4 | 5 | 6 |
| Ich war voller Tatkraft | 0 | 1 | 2 | 3 | 4 | 5 | 6 |
| Ich war schlecht gelaunt | 0 | 1 | 2 | 3 | 4 | 5 | 6 |
| Ich hab mich gefürchtet | 0 | 1 | 2 | 3 | 4 | 5 | 6 |
| Ich war aufgebracht | 0 | 1 | 2 | 3 | 4 | 5 | 6 |
| Ich war faul | 0 | 1 | 2 | 3 | 4 | 5 | 6 |
| Ich hab mich ganz anders gefühlt als die anderen Kinder | 0 | 1 | 2 | 3 | 4 | 5 | 6 |
| Ich war zuversichtlich | 0 | 1 | 2 | 3 | 4 | 5 | 6 |

Für jüngere Kinder ist es vielleicht angemessen, weniger als diese zehn Gefühlslagen aufzuschreiben. Außerdem sollen Sie andere Eigenschaftswörter benutzen, wenn diese besser zu den Zuständen passen, die Sie bei dem Kind bisher wahrgenommen haben. Wenn Sie das Arbeitsblatt zu einem späteren Zeitpunkt wieder verwenden wollen, dann machen Sie eine Kopie und heben sie auf. Um das Arbeitsblatt zu benutzen, bitten Sie das Kind, auf jeder Zeile eine Nummer einzukreisen, die das Ausmaß verdeutlicht, in dem die genannte Eigenschaft in der letzten Woche zugetroffen hat oder nicht. Gehen Sie hinterher das Arbeitsblatt noch einmal Zeile für Zeile durch und bitten Sie das Kind, jede Zeile zu kommentieren = Warum es sich so gefühlt hat, ob sich das inzwischen geändert hat und wenn ja, warum und wie, wie lange es sich so gefühlt hat?

*Variante: Eine Bilderskala*

Für jüngere Kinder können Sie weniger gefühlshaltige Eigenschaften verwenden und statt der Zahlen 0 bis 6 Gesichter, die sich von sehr gleichgültig (0) bis sehr traurig (6) bzw. sehr freudig oder sehr entschieden (6) bewegen. Sie müssen ein bisschen probieren, um den richtigen Ausdruck zu treffen.

**Siehe auch:**
- Gefühlsrad (S. 39)
- Glücklich, traurig und sauer (S. 30)

# Gefühlsrad

**Alter:** 7 Jahre und älter

**Zielsetzung:** Gefühle, die mit individuellen Lebensumständen oder Situationen zusammenhängen, zur Sprache zu bringen und den Kindern helfen, diese Gefühle anzuerkennen. Das kann zu Gesprächen führen, ob und wie diese Gefühle die Handlungen der Kinder beeinflussen.

**Material:** Farbstifte und dünner Karton im DIN A4-Format, eine Heftklammer mit geteiltem Schaft, wie man sie zum Verschließen dicker Briefe verwendet und eine Sicherheitsschere.

**Methode:** Nehmen Sie einen dünnen Karton im DIN A4-Format und trennen Sie vom Ende dieses Kartons einen Streifen von 2 cm ab. Auf der Hauptkarte ziehen Sie einen großen Kreis und teilen ihn in verschiedene Sektionen (s. S. 41). Erklären Sie dem Kind, dass die zum Streifenmittelpunkt führenden Linien die Speichen des Glücksrades darstellen. Schreiben Sie in jedes Segment ein anderes Gefühl hinein und stellen Sie dabei sicher, dass eine möglichst große Bandbreite von Gefühlen erfasst wird. Wählen Sie beispielsweise Gefühle aus der folgenden Liste: aufgeregt, furchtsam, stolz, friedlich, verwirrt, wütend, traurig, enttäuscht, glücklich, verlegen, schuldig, einsam. Sie können aber auch andere Gefühlszustände wählen, die eine stärkere Bedeutung für das Kind haben oder wichtig sind, um ihnen eine Einschätzung der gegenwärtigen Gefühlslage des Kindes zu ermöglichen. Aber begrenzen Sie die Zahl der Gefühle im Hinblick auf die Fähigkeiten des Kindes: Je jünger das Kind ist, umso weniger Sektionen werden Sie anbieten. Während Sie das Gefühlsrad zusammenbasteln, erklären Sie dem Kind, was Sie machen und ermutigen Sie es, Ihnen dabei zu helfen und möglicherweise eigene Kategorien beizutragen.

Jetzt machen Sie aus dem schmalen Streifen einen Pfeil, der so lang ist, dass er etwa Zweidrittel des Radius des Kreises abdeckt. Schneiden Sie diesen Teil mit der Schere zurecht, bohren Sie am stumpfen Ende ein Loch in den Pfeil und in das Zentrum des Glücksrades und verbinden Sie Pfeil und Glücksrad mit der Klammer.

*Für jüngere Kinder:* Geben Sie eine Situation vor, die entweder Sie und das Kind betrifft oder eine fiktive Figur und fragen Sie das Kind, wie sich diese Person wohl augenblicklich fühlen wird. Das Kind soll die Frage beantworten, indem es den Pfeil so bewegt, dass es auf das ausgewählte Gefühl zeigt. Beginnen Sie mit Situationen, die nicht zu nahe am gegenwärtigen Problem des Kindes sind und bewegen Sie sich schrittweise näher an seine gegenwärtigen Problemschwerpunkte.

*Für ältere Kinder:* Machen Sie es wie bei den jüngeren Kindern, aber fragen Sie die Älteren auch danach, wann sie solche Gefühle erlebt haben oder sie bei anderen beobachten konnten. Vielleicht hat das Kind dann das Bedürfnis, Beispiele für jede der Gefühle in seine Kladde zu schreiben. Das Gefühlsrad kann natürlich auch ohne den Pfeil verwendet werden, das Kind oder Sie selber deuten dann auf das ausgewählte Gefühl. Aber mit dem Pfeil wird das Ganze etwas spannender.

*Variante: Gefühlspizza*

Das Gefühlsrad kann auch als eine nahezu runde Pizza gezeichnet werden, die am Rand eine Kruste aufweist. Sie können es dann auch ohne den Pfeil als Gefühlspizza benutzen (siehe Illustration S. 41)

**Siehe auch:**
- Gesichtsmaske (S. 34)
- Glücklich, traurig und sauer (S. 30)
- Die Skala meiner Gefühle (S. 37)
- Meine Welt (S. 24)

Gefühle 41

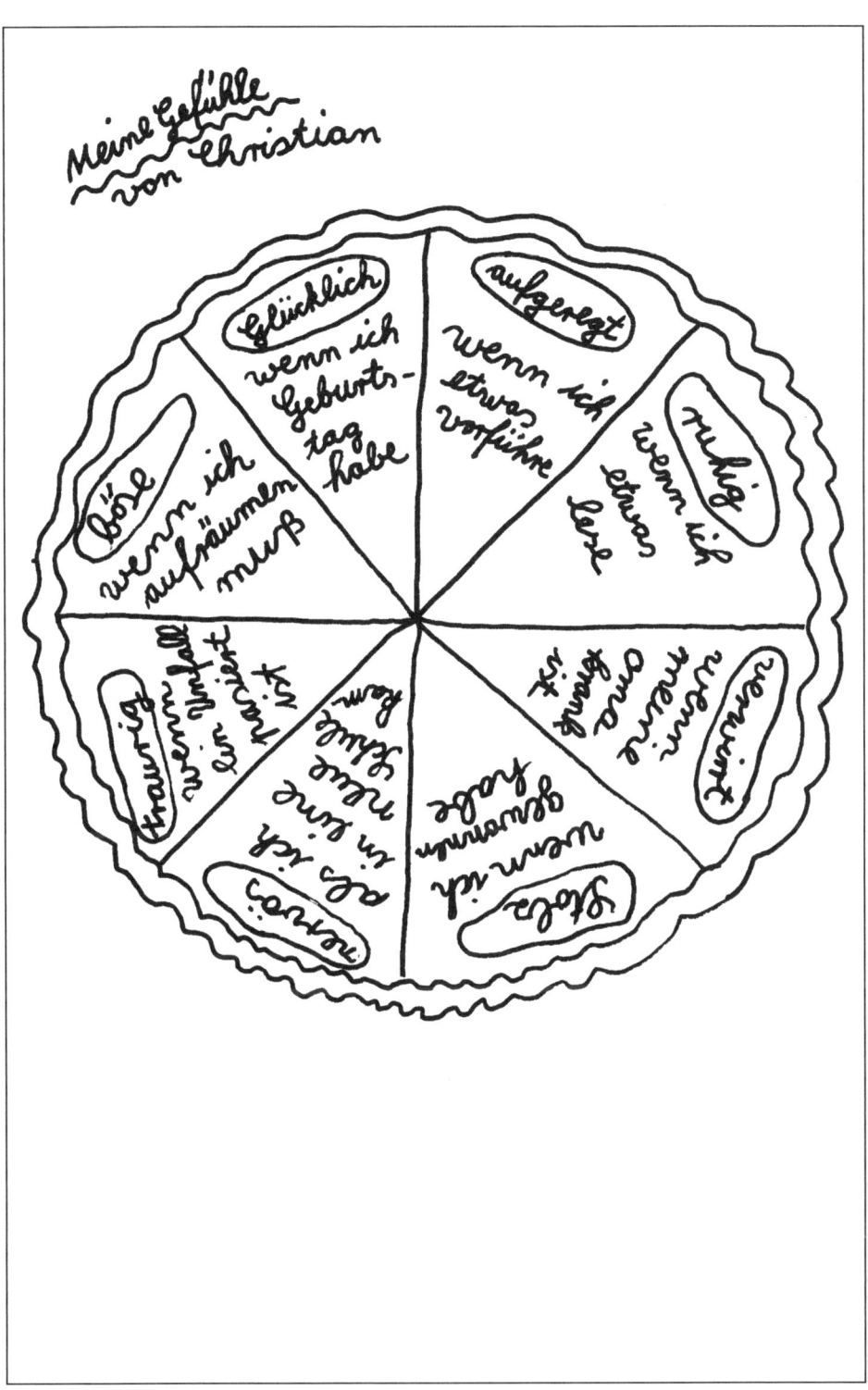

# Ich will weiter

In jedem erfolgreichen sozialpädagogischen Programm ist ein bedeutsamer Faktor die Aufrechterhaltung der Motivation, um Kinder in Richtung ihres Zieles in Bewegung zu halten. Wenn sich ein Kind für nichts interessiert, wird kein Programm erfolgreich sein. Die folgenden Aktivitäten sind entworfen worden, um das Interesse eines Kindes oder eines Jugendlichen an der Erreichung eines Zieles aufrechtzuerhalten. Sie helfen, dieses Ziel deutlicher ins Auge zu fassen und zu formulieren, sie liefern einen Maßstab für Fortschritte und sind geeignet, das Kind daran zu erinnern, auf welchem Weg es zu seinem Ziel kommen kann. All diese Aktivitäten erfordern jedoch eine gute Nachbetreuung, um längerfristigen Erfolg sicherzustellen.

## Die Geschichte vom cleveren Hans

**Alter:** 3 – 12 Jahre

**Zielsetzung:** Verständnis für die Verhaltensweisen und Ängste eines Kindes zu fördern und seine Fähigkeiten zu trainieren, mit Problemen fertig zu werden. Wir arbeiten mit unserem Kind durch das Anlegen eines personalisierten Buches, das unser Kind auch zwischen den einzelnen Sitzungen mit nach Hause nehmen und zu Hause lesen kann. Diese Aktivität wird auf jeden Fall länger dauern als nur eine Sitzung.

**Material:** Eine Projektmappe in DIN A4-Format, in denen die einzelnen Papier zusammengeheftet und aufgehoben werden können, dazu Farbstifte.

**Methode:** Das Buch soll ca. 10 Seiten umfassen und für jüngere Kinder sehr viele Bilder. Für ältere Kinder wird der Text überwiegen. Das Buch sollte positive Verhaltensweisen unterstreichen und unterstützen, dabei sollte der wirkliche Name des Kindes auf dem Umschlag stehen. Wenn es allerdings darum gehen sollte, dass das Kind schwierige und ambivalente Gefühle akzeptieren soll und es bei deren Bewältigung unterstützt werden soll, dann kann es einfacher für das Kind sein, einen anderen Namen zu verwenden.

Wenn Sie an dem Buch schreiben, dann werden Sie die Informationen des Kindes benutzen und es bitten, Ihnen aktiv zu helfen. Das kann einmal heißen, dass Sie das

Kind um Formulierungen bitten, es kann aber auch heißen, dass Sie es bitten, selber einen Teil des Textes zu schreiben. Aber stellen Sie bitte sicher, dass es mit einem glücklichen und positiven (aber auch realistischen) Ende abschließt. Manchmal empfiehlt es sich, den jeweiligen Text in einer Sitzung zu besprechen und ihn dann bis zur nächsten Sitzung aufgeschrieben zu haben, damit das Kind es illustrieren kann.

Wenn das Buch fertig ist, bitten Sie die Bezugsperson des Kindes, es mit dem Kind regelmäßig zu Hause zu lesen und zwar solange, wie das Kind Interesse zeigt. Halten Sie den Fortschritt Ihres Kindes in späteren Sitzungen fest. Es kann sein, dass das Interesse an dem Buch innerhalb einer kurzen Zeit erlischt, aber die Bezugspersonen können es zu einem späteren Zeitpunkt wieder ins Gespräch bringen, falls das Kind regrediert.

Das folgende Beispiel ist zusammen mit einem vier Jahre alten Jungen geschrieben worden, der seine Eltern regelmäßig jede Nacht aufweckte. Er konnte auch nicht im Bett seiner Eltern schlafen, der unterbrochene Schlaf führte zu Verhaltensproblemen während des ganzen Tages. Als ihm ein Bruder geboren wurde, war für seine Eltern die Zeit gekommen, das Problem des Durchschlafens zu bearbeiten.

### Die Geschichte vom cleveren Hans

*Es war einmal eine Zeit*
*da lebte ein kleiner Junge*
*der hieß Hans.*

*Hans lebte mit seiner Mama und seinem Papa*
*in einem eigenen Haus,*
*das hatte ein Erdgeschoss*
*und einen ersten Stock.*

*Hans hatte sein eigenes Zimmer*
*mit seinen eigenen Spielsachen und*
*seinen eigenen Büchern und*
*seinem eigenen Bett.*

*Manchmal wachte Hans in der Nacht*
*auf und wunderte sich, wo*
*seine Mutter war. Er rief*
*nach ihr und sie kam und*
*gab ihm einen Kuss und manchmal*
*versuchte er auch, in ihrem Bett zu schlafen.*

*Aber manchmal erinnerte
Hans sich, dass er
ein cleverer Junge war und
ging zurück und schlief
in seinem eigenen Bett.*

*In Mutters Bauch wuchs zu dieser
Zeit ein Baby und sie
wurde dicker und dicker.*

*Eines Tages ging sie in eine Klinik,
bekam das Baby
und blieb noch einige
Tage von zu Hause weg.*

*Vater und Hans hatten nun
die Aufgabe
für sich selber zu sorgen und
das Haus in Ordnung zu halten.*

*Hans war sehr stolz darauf,
dass er Vater beim
Sauber machen und Kochen helfen konnte.*

*Hans und Vater kümmerten sich
sehr darum, dass das Haus
in Ordnung war, als Mutter mit dem Baby zurückkam.*

*Als Mutter noch in der Klinik war
zeigte Hans seinem Vater, dass er allein
in seinem Bett bleiben und durchschlafen konnte.*

*Mutter und das Baby kamen
aus der Klinik zurück
und Vater war sehr stolz darauf,
dass er Mutter erzählen konnte, was für
ein cleverer Junge ihr Hans war, weil
er im eigenen Bett bleiben und durchschlafen konnte.*

*Mutter sagte, dass Hans
jetzt ein wunderbarer großer Bruder
für das neue Baby sei.*

*Hans hilft Mutter
jetzt oft bei ihrer Arbeit.
Und es gibt nun vier besondere Menschen,
die in diesem Hause leben.
Mutter
Vater
das Baby
… und
der clevere Hans.*

**Siehe auch:**
- Was ich erreicht habe (S. 125)
- Vergangenheit, Gegenwart, Zukunft (S. 127)
- Das war's bis jetzt (S. 130)

## Zoro bezwingt den Berg

**Alter:** 4 – 10 Jahre

**Zielsetzung:** Das ist ein bebildertes Protokoll, das über mehrere Wochen bzw. über mehrere Sitzungen den Fortschritt eines Kindes beim nächtlichen Sauberkeitstraining dokumentiert. Die Übung eignet sich besonders für Situationen, in denen bereits ein anfänglicher Fortschritt gemacht worden ist.

**Material:** DIN A4- oder DIN A3-Papier – auch Farbpapier –, Farbstifte und ein Bleistift.

**Methode:** Nehmen Sie das Papier im Hochformat und falten Sie die rechten 2 cm nach hinten um. Malen Sie zusammen mit dem Kind einen Berg, der die ganze übrige Seite ausfüllt. In diesen Berg zeichnen Sie eine Serpentine ein, die nach oben führt. Das Kind wird vielleicht die Landschaft mit Bäumen, Strauchwerk und Felsen beleben wollen, aber es sollten nicht allzu viele sein, damit für eine spätere Phase noch Platz bleibt. Sprechen Sie mit dem Kind allgemein über Bergsteigen und dass Bergsteiger ihre Basislager haben, wo sie übernachten und ihre Zelte aufschlagen. In jedem dieser Basislager pflanzen sie ihre Fahne auf. Sagen Sie, dass jede Sitzung mit dem Kind so etwas wie ein Basislager darstellt. Jetzt falten Sie den zurückgefalzten rechten Streifen auf und versehen ihn mit einer Maßzahl für die Ziele, die das Kind erreichen wird: In unserem Beispiel (S. 47) war es ein Neunjähriger, der ins Bett machte und der aber schon vier trockene Nächte alle vierzehn Tage schaffte. Die Skala, die wir verwendeten, sah so aus:

- trockenes Bett, nahezu jede Nacht
- trockenes Bett, dreizehn von vierzehn Nächten
- trockenes Bett, zehn von vierzehn Nächten
- trockenes Bett, acht von vierzehn Nächten
- trockenes Bett, sechs von vierzehn Nächten
- trockenes Bett, fünf von vierzehn Nächten
- trockenes Bett, vier von vierzehn Nächten.

Stellen Sie bitte sicher, dass der Gipfel des Berges nicht den endgültigen Erfolg markiert, sondern das beinah schon erreichte Ziel. Lassen Sie Platz für den einen oder anderen Rückschritt, den Sie am Rande des Weges mit unerwarteten Schwierigkeiten markieren und erklären Sie den Bezugspersonen, dass jedes Kind, das eine neue Fertigkeit erlernen muss, hier und da einen Fehler macht und dass solche Fehler nicht bestraft werden, sondern als eine neue Herausforderung begriffen werden sollen.

Mit jedem Erfolg zwischen den Sitzungen wird eine neue Fahne am Wegrand aufgepflanzt. Wenn es einen Rückschritt gegeben hat, dann lassen Sie das Kind einige Widerstände in den Weg einzeichnen und besprechen Sie mit ihm, was es denn

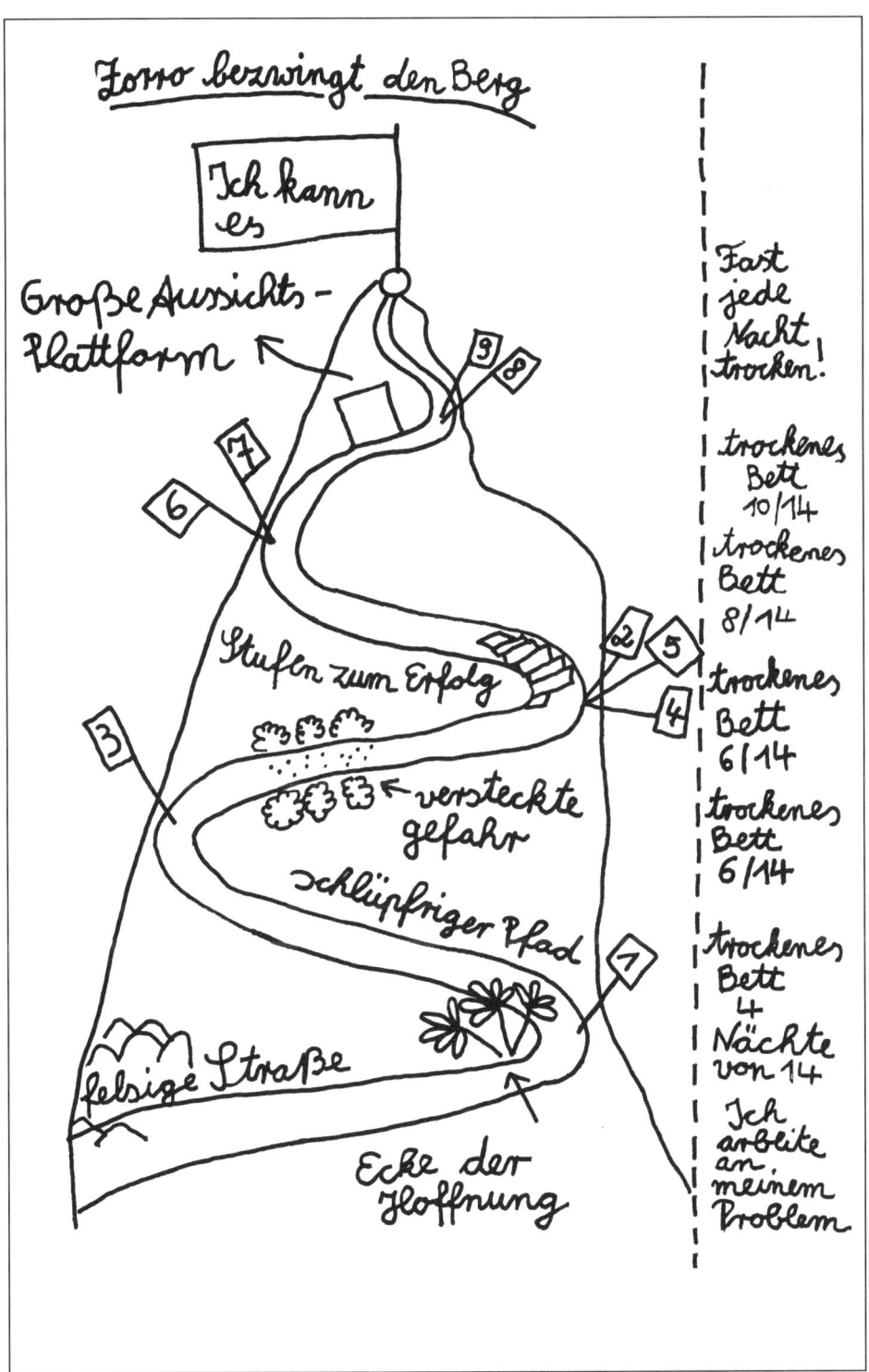

war, das den Fortschritt verlangsamt oder den Rückschritt bewirkt hat. Sie können diesen Aspekt ausweiten, in dem Sie eine Seite mit Steinen malen, die mit den Problemen beschriftet sind und eine Spitzhacke dazu, auf der Lösungen stehen. Malen Sie den Weg, wenn Ihr Kind Fortschritte zeigt und entsprechende Hindernisse, wenn der Fortschritt sich verlangsamt oder ein Rückfall eingesetzt hat. Nummerieren Sie die Fahnen, die Sie aufstellen und schreiben Sie den Tag daneben. Die Skala kann dabei immer wieder zurückgeklappt werden, damit Ihr Kind das Bild vom Berg zu Hause aufhängen kann ohne sich eine Blöße zu geben.

Wenn erst einmal der Gipfel des Berges erreicht ist, dann feiern Sie dieses Ereignis und pflanzen eine Fahne auf der Spitze des Berges auf mit einer Figur, welche das Kind zeigt. Das Kind kann das Gemälde als Erinnerung an seinen großen Erfolg behalten. Aber machen Sie für Ihre eigenen Unterlagen eine Kopie.

**Siehe auch:**
- Warum, warum, warum? (S. 32)
- Stufen zum Erfolg (S. 49)

## Stufen zum Erfolg

**Alter:** 6 Jahre und älter

**Zielsetzung:** Ein Instrument, um den Fortschritt innerhalb eines mehrstufigen Programms zu dokumentieren. Die Vorlage kann während der gesamten Behandlung benutzt werden, um Erfolge festzuhalten.

**Material:** DIN A4-Papier, Bleistift und Farbstifte.

**Methode:** Zeichnen Sie mit dem Kind zusammen eine Treppe. Über die oberste Stufe schreiben Sie »Erfolg« oder »du hast es geschafft« und dekorieren sie nach den Wünschen des Kindes (S. 51).

Überlegen Sie sich mit dem Kind eine Hierarchie von Verbesserungen im Verhalten mit dem als akzeptabel gewünschten Verhalten auf der oberen Stufe der Treppe und der gegenwärtigen Situation auf der untersten Stufe. Eine solche Hierarchie könnte beispielsweise für ein Kind, das große Essschwierigkeiten hat, folgendermaßen aussehen:

- Ich habe an den meisten Tagen aufgegessen
- ich habe sechs Tage in der Woche aufgegessen
- ich habe vier Tage in der Woche aufgegessen
- ich habe zwei Tage in der Woche aufgegessen
- ich habe einmal in der Woche aufgegessen.

Behalten Sie dabei bitte im Gedächtnis, dass Essprobleme manchmal darauf zurückzuführen sind, dass die Mahlzeiten einfach zu groß sind und dass es deshalb besser wäre, den Umfang der Portionen an das Kind anzupassen, statt die Zahl der »aufgegessenen Teller« zu zählen.

Achten Sie bitte immer wieder darauf, dass Sie das erwünschte Verhalten als ein positives Verhalten bezeichnen und nicht als die Abwesenheit eines unerwünschten Verhaltens. Als »toll, dass du wieder pünktlich warst« und nicht »diesmal hast du nicht gebummelt«. Die unterste Stufe sollte deshalb auch nicht das unerwünschte Verhalten bezeichnen, sondern den ersten Schritt hin zum erwünschten Erfolg. Weil das so ist, kann das Kind von Anfang an die unterste Stufe ausmalen. Es kann dann jede zusätzliche Stufe ausmalen, wenn es sie erreicht hat. Auf der obersten Stufe kann es sich mit einer Siegestrophäe in der Hand selber darstellen.

*Variante: Schritt für Schritt*

Die Treppe kann auch als Protokoll des exakten Erfolges bei jeder Sitzung mit dem Kind benutzt werden. In jeder Sitzung schreibt das Kind dann den bis dahin erzielten Erfolg auf die nächste Stufe. Wenn Sie so vorgehen, dann ist es wichtig, dass Sie auf die letzte Stufe gewissermaßen als Überschrift über das Ganze den endgültigen Erfolg aufschreiben, beispielsweise »ich schlafe jetzt in meinem eigenen Bett«.

**Siehe auch:**
- Vergangenheit, Gegenwart, Zukunft (S. 127)
- Zoro bezwingt den Berg (S. 46)

## Die Mauer

**Alter:** 7 Jahre und älter

**Zielsetzung:** Einem Kind helfen zu verstehen, dass sein Handeln emotionale Barrieren zwischen sich und wichtigen Erwachsenen aufbauen kann. Diese Aufgabe ist besonders nützlich bei Verhaltensweisen wie »nicht bei der Wahrheit bleiben« oder »anderen Kindern Sachen wegnehmen«.

**Material:** Papier und Farbstifte. Für die Varianten auch Spielzeugmauersteine, Legos oder Plasteline.

**Methode:** Zeichnen Sie oder bitten Sie das Kind, seinen wichtigsten Erwachsenen auf den linken Teil einer Seite im Querformat zu zeichnen und das Kind selber auf die rechte Seite. Dabei sollte zwischen dem Erwachsenen und dem Kind ein großer Zwischenraum sein. Sehen Sie sich in diesem Zusammenhang die Zeichnung auf S. 53 an. Erzählen Sie, dass es nichts geben würde zwischen dem Kind und dem Erwachsenen, was beide hindern würde, gemeinsam zu lachen, Spaß zu haben und aufeinander zu hören. Dann fragen Sie das Kind, was dieses entspannte Geschehen unterbrechen könnte. Helfen Sie ihm, die Schwierigkeiten zur Sprache zu bringen, die beide haben. Am Ende dieses Gesprächs zeichnen Sie bitte für jede der genannten Schwierigkeiten oder Kategorien von Schwierigkeiten einen Stein zwischen die beiden Figuren. Stapeln Sie einen Stein auf den anderen. Wenn es nur eine Schwierigkeit gibt, dann machen Sie aus dieser Schwierigkeit eine gesamte Mauer. Dann bereden Sie mit dem Kind, wie diese Steine es für das Kind und für die Bezugsperson schwierig machen, sich zu sehen, sich zu hören und sich zu vertrauen. Besprechen Sie, wie die einzelnen Schwierigkeiten überwunden werden können. Wenn Sie einen plausiblen Weg gefunden haben, dann können Sie den Stein durchstreichen, auflösen, ausradieren oder mit Tipp-Ex zum Verschwinden bringen. Wenn Sie das getan haben, dann können Sie das Papier so falten, dass die Mauer verschwindet. Das wird automatisch die beiden Figuren wieder näher zueinander bringen. Das wäre schließlich auch das Ziel, mit dem Sie an den Problemen des Kindes arbeiten.

*Variante: Ziegelmauer*

Für diese Variante benutzen Sie wirkliche Spielzeugziegel. Sie stellen Sie zwischen die gezeichneten Figuren der beiden Personen, dabei steht das Papier senkrecht auf dem Tisch. Wenn Sie Lösungen gefunden haben, nehmen Sie die einzelnen Steine wieder weg.

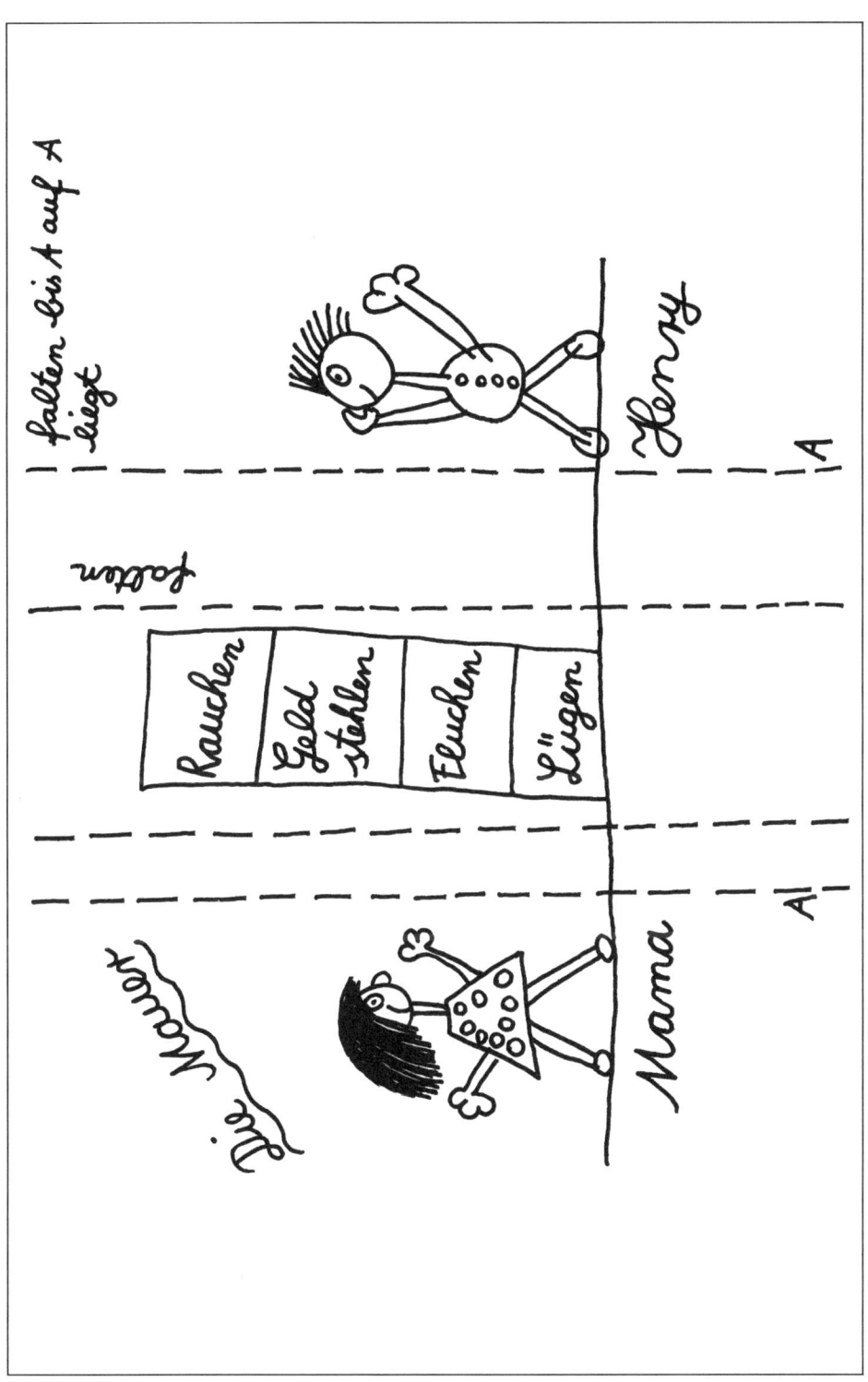

## Über die Mauer

Wenn Sie Plasteline verwenden, können Sie daraus einzelne Ziegel formen. Sie können auch eine Figur für die Bezugsperson und eine für das Kind formen. Wenn Sie die Lösungen diskutieren, können Sie die Steine zerdrücken und die Figuren über die zerdrückten Ziegel näher aneinander rücken. Sie können dann die beiden Figuren leicht verändern, sodass sie sich umarmen oder die Hände reichen.

*Anmerkung:* Auf diese Übung kann das Spiel »Der erste Schritt in die Zukunft« (S. 97) oder »Der Schutzengel« (S. 88) anschließen.

**Siehe auch:**
- Warum, warum, warum? (S. 32)
- Stufen zum Erfolg (S. 49)

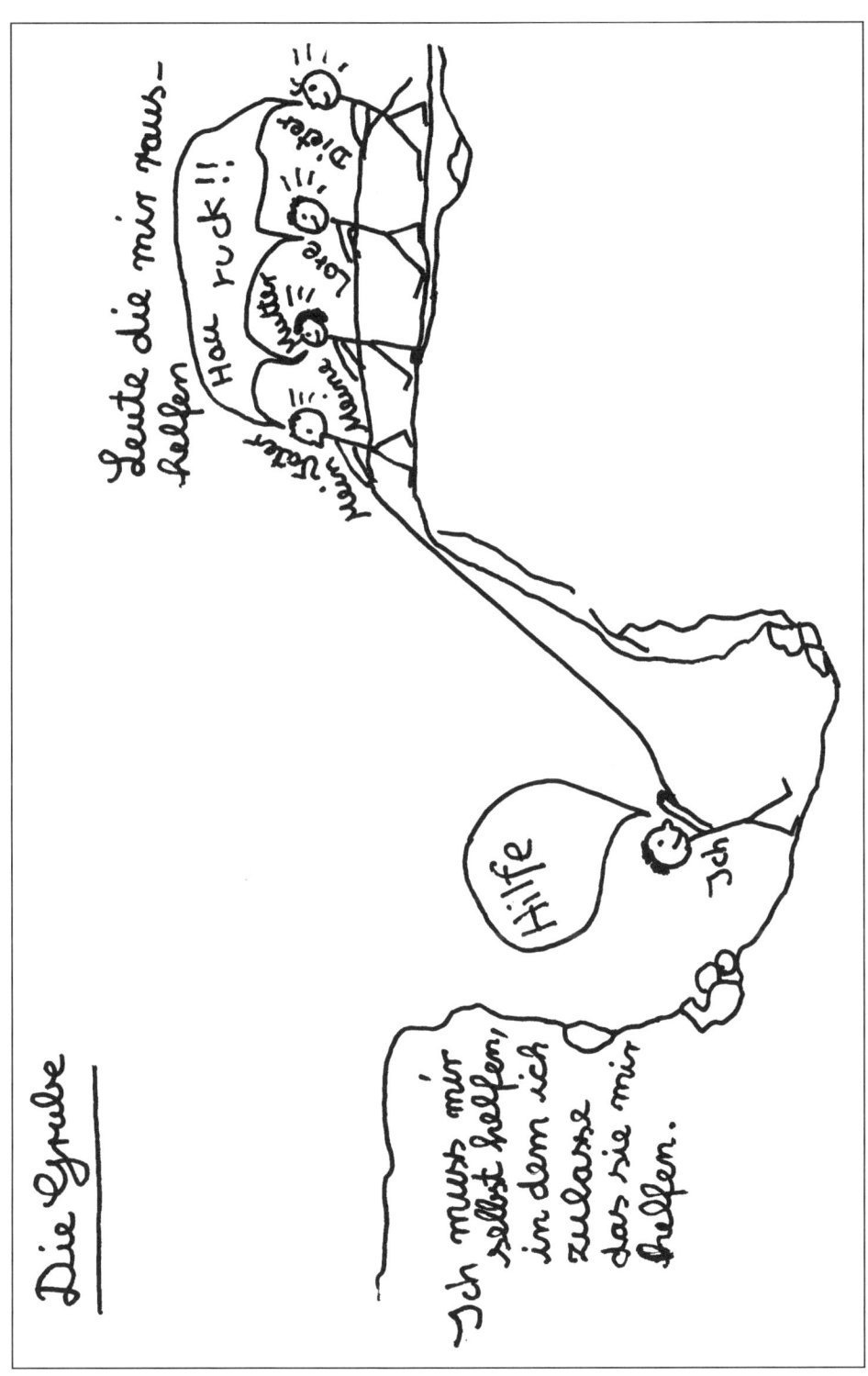

## Die Grube

**Alter:** 11 Jahre und älter

**Zielsetzung:** Jugendlichen helfen einzusehen, dass es Menschen gibt, die ihnen helfen, wenn sie das Gefühl haben, in aussichtsloser Lage zu sein; aber auch, dass sie selber etwas dazu beitragen müssen.

**Material:** DIN A4-Papier, Farbstifte oder farbige Tusche.

**Methode:** Zeichnen Sie oder bitten Sie das Kind/den Jugendlichen es selber zu tun, eine waagrechte Linie zu zeichnen, die in der Mitte ein großes U enthält. Das soll den Querschnitt einer Grube darstellen (S. 55). Fragen Sie den Gesprächspartner, wo er sich auf dieser Linie selber sieht und unterstellen Sie dabei, dass das Gefühl auf dem Boden der Grube zu stehen, schrecklich und das Bewusstsein am Rand der Grube oben zu stehen, erleichternd ist. Ihr Gesprächspartner soll dann eine Strichfigur dorthin platzieren, wo er sich selber sieht. Dann soll er am Rande der Grube all die Menschen zeichnen, die ihm helfen können, aus der Grube herauszukommen. Dann zeichnen Sie ein Seil zwischen die Leute oben und den Fuß der Grube aber so, dass das Seil außerhalb der Reichweite Ihres Gesprächspartners liegt. Jetzt besprechen Sie mit dem Jugendlichen, dass er sich einfach bewegen und das Seil ergreifen müsse. Übersetzen Sie diese Analogie in die Notwendigkeit von sich aus und selber das Beste aus der Hilfe zu machen, die einem angeboten wird. Bevor Sie die Zeichnung beiseite legen, verbinden Sie das untere Ende des Seils mit der Figur in Not. Unser Beispiel basiert auf der Erfahrung eines 14-jährigen Mädchens, das sich sehr allein fühlte und Verhaltensweisen zeigte, die sie immer mehr in die Isolation in Schule und Familie und gegenüber ihren Freunden führte. Daraus ergab sich ein Gespräch über Möglichkeiten, wie sie Nutzen aus den Hilfsangeboten ziehen könnte, die sie erreichten. Sie war in der Lage, einige dieser Angebote zu akzeptieren. Andere Angebote wies sie zurück, weil sie von Leuten kamen, denen sie nachsagte, sie wollten sich nur »einmischen«. Indem sie zwischen diesen beiden Hilfsangeboten unterscheiden lernte, gewann sie Schritt für Schritt die Kontrolle darüber zurück, wie sie mithilfe von anderen Menschen den Weg aus der Grube finden könnte. – Als eine Aufgabe am Ende einer Reihe von therapeutischen Sitzungen kann es sinnvoll sein, auf dieses Spiel zurückzukommen, wenn die Figur in der Grube die Oberfläche nahezu erreicht hat. Die Zeichnung kann dann dafür benutzt werden, um die Frage zu erörtern, wie der Jugendliche wieder an die Oberfläche kam und was getan werden muss, um zu verhindern, dass er wieder in das Loch fällt.

**Siehe auch:**
- Der erste Schritt in die Zukunft (S. 97)
- Die Mauer (S. 52)

## Kosten und Nutzen

**Alter:** 10 Jahre und älter

**Zielsetzung:** Dieses Spiel soll dem Kind erlauben, alle Gründe und Motive auszudrücken, die dafür sprechen, ein gezeigtes Verhalten fortzusetzen und sich nicht zu ändern. Es soll gleichzeitig dem Kind helfen, die möglichen Vorteile und Nachteile einer (möglicherweise von Erwachsenen gewünschten) Verhaltensänderung einzuschätzen.

**Material:** DIN A4- oder DIN A3-Papier, Bleistift oder Filzstifte. Diese Übung kann auch ganz gut mit älteren Kindern an einer Tafel gemacht werden. Die Ergebnisse müssen dann allerdings auf Papier übertragen werden.

**Methode:** Sie legen das Papier quer und teilen es vertikal in zwei Teile mit den Überschriften »Kosten« und »Nutzen« oder »Vorteile« und »Nachteile«. In der Horizontalen ordnen Sie unterschiedliche Verhaltensweisen an, die das Kind oder seine Bezugspersonen bevorzugen und fügen auch Alternativen hinzu, die das Kind Ihnen nennt (S. 59). Aber beschränken Sie die Zahl der Optionen, damit es nicht zu kompliziert wird. Danach bitten Sie das Kind, in jede der Spalten, die quer neben der jeweiligen Handlungsoption stehen, die Nachteile und die Vorteile einzutragen.

Wenn diese Übung benutzt werden soll, um Kinder zu motivieren, Meinungen und Haltungen zu ändern, wird es notwendig sein, zusätzliche Linien in den Vorteilen und Nachteilen der einzelnen Verhaltensoptionen offen zu halten, damit Argumente und Sichtweisen, die vom Jugendlichen selber noch nicht erwähnt worden sind, später eingeführt werden können. Das betrifft vor allem mittelfristige und langfristige Konsequenzen und Konsequenzen, die sich auf andere Bereiche des Lebens beziehen, wie beispielsweise auf zwischenmenschliche Beziehungen, Lebensstile, Ausbildungsmöglichkeiten und Berufschancen. Bitten Sie das Kind auch, im Hinblick auf jede Option Befürchtungen und Hoffnungen, Enttäuschungen bei nahe stehenden Bezugspersonen und Unterstützungen, die von ihnen kommen könnten, aufzuschreiben.

*Variante: Was ist mir das wert?*

Wenn im Hinblick auf eine Option die verschiedenen Möglichkeiten nahezu gleichberechtigt nebeneinander zu stehen scheinen, kann es nützlich sein, dem Kind die Möglichkeit zu geben, für Kosten und Nutzen jeweils eine Punktzahl zwischen 0 und 10 zu geben und dann die Punkte für jeden Nutzen zusammenzuzählen und davon die Kosten abzuziehen. Bei dieser Rechnung können Sie auch beobachten, wie wichtig dem Kind die einzelnen Aspekte seiner Wahl sind. Beachten Sie aber bitte, dass ein solches Verfahren die Entscheidung über Verhaltensweisen, die wir Erwachsene für wünschenswert halten und solche, die wir nicht für wünschenswert halten, gewissermaßen in die Hände des Kindes zurückverlegt werden.

Für jüngere Kinder können Sie sich auf *eine* Verhaltensalternative konzentrieren, beispielsweise darauf zu fragen, »was bringt es mir, mit Lukas zu spielen?«. Konzentrieren Sie sich dann auf diesen einen Aspekt und listen Sie alle Dinge auf, die dafür sprechen und alle Dinge, die dagegen sprechen. Auch dafür können Sie, wenn es sich empfiehlt, Punkte zwischen 0 und 10 in der gleichen Weise geben lassen, wie oben erwähnt.

**Siehe auch:**
- Ich habe es selbst in der Hand (S. 95)
- Vergangenheit, Gegenwart, Zukunft (S. 127)

# Ich will weiter

| | Kosten | Nutzen |
|---|---|---|
| Nicht wieder zurück in die Schule gehen | Ich könnte, wenn ich meinen Privatlehrer nicht mag. Ich könnte gelangweilt sein. Ich werde nicht so viel lernen. Ich werde meine Freunde nicht außer der Schule sehen. Ich kann nicht in meine die Ding-Freunde gehen. | Ich kann mich besser konzentrieren, wenn ich ein Privatlehrer habe. Keine anderen frechen Kinder |
| Zurück in die Schule gehen | Ich würde Lisa und ihre Freunde wiedersehn. Lisa wäre bei mir in Kunst. Ich könnte mich wegen Lisa nicht konzentrieren. | Ich sehe meine Freunde. Ich lerne mehr – Kunst und Werkarbeiten. Ich habe Sport. Mutter freut sich. |
| In eine andere Schule gehen | Es könnten freche Kinder an der neuen Schule sein. Ich könnte einige Freunde vermissen. Es könnte sein, dass ich die Lehrer nicht mag. | Ich hätte einen neuen Start. Ich wäre nicht traurig wegen Lisa und den anderen. Ich finde neue Freunde. Ich habe Sport. Ich lerne mehr als zu Hause. |

# Wie werde ich den Stress los?

Vielen Kindern mit Angstzuständen kann geholfen werden, wenn sie lernen, physischen Stress und bedrückende Gedanken los zu werden. Mit den folgenden Aktivitäten soll der Weg dazu angebahnt werden. Solche Aktivitäten können neben anderen therapeutischen Zielen verfolgt werden und sie können auch helfen, auf eine andere intensivere Arbeit vorzubereiten, die ansteht.

## Kummerkasten

**Alter:** 5 – 12 Jahre

**Zielsetzung:** Furcht und Angst zu reduzieren und Kindern zu helfen, sie beiseite zu legen.

**Material:** Eine Schachtel, die das Kind behalten kann. Die Verpackungsindustrie liefert viele Exemplare, die sonst im Haushalt weggeworfen würden. Dazu einen Satz von etwa 12 Karten, die in die Box passen. Man kann auch zerschnittenes Papier verwenden, aber ein etwas stabilerer Karton als Ausgangsmaterial ist besser.

**Methode:** Sie sprechen mit dem Kind darüber, dass wir alle unsere Nöte und Ängste haben und dass es manchmal hilft, wenn wir sie einfach beiseite legen, damit wir uns mit den positiveren Seiten des Lebens befassen können. Zeigen Sie dem Kind die Schachtel und entscheiden Sie gemeinsam, wie sie dekoriert werden sollte. Außerdem braucht sie einen breiten Schlitz, in den die einzelnen Karteikarten hineingesteckt werden können, so wie in einen Briefkasten. Besprechen Sie auch, wo der Kummerkasten aufbewahrt werden sollte. Das sollte in einer gewissen Distanz zur Lebensmitte des Kindes sein, um zu illustrieren, dass man nicht immer alle seine Sorgen bei sich tragen muss. Er könnte beispielsweise in der Tiefe des Kleiderschrankes platziert werden oder in einem angrenzenden Raum.

Dann nehmen Sie den Kartensatz und fragen das Kind nach den Ängsten und Sorgen, die es gern beiseite legen möchte. Schreiben Sie jede einzelne Sorge auf eine separate Karte. Diese bekommt das Kind und soll sie in gleichsam ritueller Weise in die Schachtel stecken. Dabei sollte es positive Gründe dafür angeben, warum es nun nicht mehr mit dieser Sorge befasst sein wird. Danach wird der Deckel zugeklappt –

sofern kein Schlitz vorhanden war. Vielleicht hat das Kind den Wunsch, die Schachtel zu versiegeln – mit Tesafilm oder mit einem kleinem Band. Schließlich legen Sie gemeinsam mit dem Kind die Schachtel an den Ort, den Sie vorher ausgewählt haben oder die das Kind begleitende Bezugsperson nimmt sie mit nach Hause und ist dann für die sichere Aufbewahrung verantwortlich. Einige Kinder möchten die Schachtel lieber beim Therapeuten lassen. Das kann hilfreich sein, wenn Sie in der nächsten Sitzung weiter an den Sorgen arbeiten wollen.

*Variante: Ich kann ruhig schlafen*

Bei Kindern, die Schlafschwierigkeiten haben, weil sie sich Sorgen machen, kann die Bezugsperson den Wunsch haben, die Schachtel jeden Abend zu benutzen. Sie bespricht dann die täglichen Sorgen mit dem Kind, schreibt sie auf Karten, das Kind legt sie in die Schachtel und die Bezugsperson nimmt sie in Verwahrung. Dabei kann die Bezugsperson mit dem Kind vereinbaren, welche drei guten Dinge die beiden am nächsten Morgen miteinander besprechen wollen.

**Siehe auch:**
- Klarer Kopf (S. 85)
- Jedes Ding hat eine gute Seite (S. 119)
- Spiralen (S. 69)

## Die alte Stoffpuppe

**Alter:** 6 – 10 Jahre

**Zielsetzung:** Zur Verdeutlichung des Unterschied zwischen Angespanntheit und Entspannung und um dem Kind einen leichten Übergang zu Entspannungsübungen zu ermöglichen.

**Material:** Eine Projektmappe, um die Arbeitsergebnisse aufzunehmen. DIN A4-Blätter, die verschiedentlich gelocht sind, Farbstifte. Wenn möglich eine alte Stoffpuppe oder ein nicht voll ausgestopfter Teddybär.

**Methode:** Sie erklären dem Kind, dass Sie jetzt gemeinsam über Entspannung sprechen wollen und dass Sie dazu gemeinsam ein Buch machen, das Ihnen dabei helfen soll. Die erste Seite dieses Buches wird sich mit Entspannung befassen und was sie bedeutet. Der Rest des Buches wird Übungen enthalten, welche zu Hause absolviert werden können.

**Vorbereitung der Übungen:** Sprechen Sie mit dem Kind über die Stoffpuppe. Schütteln Sie sie vorsichtig und beobachten Sie, wie biegsam sie ist. Veranlassen Sie, dass das Kind die Puppe malt und darüber schreibt: »Eine alte Stoffpuppe ist...« (S. 63). Benutzen Sie die Worte des Kindes, um Eigenschaftswörter um die Zeichnung herum anzuordnen. Ein paar hilfreiche Worte wären: »lose«, »schlenkernd«, »schlaff«, »kuschelig«. Fügen Sie dann das Wort »entspannt« hinzu und dann versuchen Sie beide so da zu sitzen, wie die alte Stoffpuppe. Schütteln Sie Arme und Beine, bewegen Sie den Kopf vor und zurück und nach rechts und nach links, und versuchen Sie dabei, einen entsprechenden entspannten Gesichtsausdruck zu machen.

*Die Übungen und die Sammelmappe*

Verfassen Sie eine Titelseite mit der Überschrift »Entspannen wie die alte Stoffpuppe von ...« mit dem Namen des Kindes. Verwenden Sie einen Schrifttyp, den das Kind später ausmalen kann. Alle weiteren Seiten, die Sie zur Vorbereitung benutzen, werden hinter dieses Titelblatt geheftet. Dann nehmen Sie die Eigenschaftswörter, die Sie bereits aufgeschrieben haben und verteilen Sie auf einzelne Seiten, damit man sie später illustrieren kann.

Die Übungen, die Sie nun lehren, sind eine Form progressiver Muskelentspannung auf der Basis kindlicher Möglichkeiten. Sie sollten sich jeweils nur eine Übung vornehmen, und die Übung zusammen mit dem Kind machen. Jedes Mal, wenn Sie zu einer neuen Muskelgruppe kommen, stellen Sie sicher, dass das Kind seine Muskeln

anspannt bevor es sie entspannt, aber es soll sie nicht so sehr anspannen, dass es sich dabei unwohl fühlt. Ermutigen Sie das Kind, die Spannung zu halten, darüber nachzudenken und die Spannung dann langsam nachzulassen. Darüber nachzudenken ist wichtig, damit es in der Zukunft erkennt, wenn die Muskeln angespannt sind und damit dann die entsprechende Entspannungsübung ansetzen kann. Wenn alle Übungen gelehrt worden sind, lesen Sie zusammen einen Text, den Sie vorbereitet haben. Das Kind hat vielleicht den Wunsch, die Übung mit jemanden anderes zu erproben, beispielsweise mit der Mutter oder dem Vater, bevor das Material mit nach Hause genommen wird. Wiederholen Sie diese Aktivität in den folgenden Sitzungen, prüfen Sie, ob das Kind die Entspannungsübungen auch wirklich wiederholt. Wenn das Kind alt genug ist, kann es die Übungen dokumentieren und sich selber Punkte von 0 bis 10 geben, um einzuschätzen, wie entspannt es sich danach gefühlt hat. Sie können dazu das folgende Arbeitsblatt verwenden und finden im Folgenden auch ein Beispiel für einen Text, den wir mit einem Kind zusammen entwickelt haben.

### Entspannen wie die alte Stoffpuppe

*Leg erst einmal dein Gesicht in Falten*
*halt die Spannung, halt sie an*
*jetzt entspann die Muskeln langsam*
*bis du aussiehst wie die alte*
*Puppe, die wir vor uns sehen.*

*Jetzt heb die Schultern bis zu den Ohren*
*halt sie in der Spannung fest*
*jetzt löst du diese Spannung langsam*
*bis sie dir herunter baumeln*
*wie der Puppe dort aus Stoff.*

*Spann die Arme wie ein starker*
*Mann, der seine Muskeln zeigt!*
*Halt sie nun in dieser Spannung.*
*Jetzt löst du die Spannung auf*
*bis die Arme sich entspannen*
*wie die der alten Puppe dort.*

*Jetzt holst du einmal tiefen Atem*
*und dir wird die Brust gefüllt*
*Du hältst den Atem an 'ne Weile*
*und lässt ihn langsam wieder raus*
*bis du dich fühlst wie unsere alte*
*Stoffpuppe in der Ecke dort.*

*Spann den Bauch bis er ganz straff ist
halt ihn jetzt in diesem Sinn.
Jetzt entspannst du dich ganz langsam
bis der Bauch sich auch so fühlt
wie die alte Puppe drüben.*

*Streck die Füße bis sie steif sind
halt sie noch ein bisschen so
lass sie langsam wieder fallen
bis sie baumeln wie die alte…
na du weißt schon, was ich meine …*

| **Arbeitsblatt zum Entspannen** | | | | | | | | | | |
|---|---|---|---|---|---|---|---|---|---|---|
| Name: | | | | | Datum | | | | | |
| Wie fühlst du dich vor und nach deinen Entspannungsübungen? | | | | | | | | | | |
| Gib' dir einen Punkt auf einer Skala zwischen 10 = dann bist du sehr entspannt und beweglich und 0 = dann bist du sehr gespannt und verspannt. Vergiss dabei nicht, dass du jede Zahl zwischen den beiden Endpunkten verwenden kannst, wenn du dich mehr oder weniger entspannt oder mehr oder weniger gespannt erlebst. | | | | | | | | | | |
| 0 | 1 | 2 | 3 | 4 | 5 | 6 | 7 | 8 | 9 | 10 |
| sehr gespannt | | | | | | | | | | sehr entspannt |
|  |  |  |  |  |  |  |  |  |  |  |

**Siehe auch:**
- Durch den Regenwald (S. 66)

## Durch den Regenwald

**Alter:** 6 Jahre und älter

**Zielsetzung:** Wir haben dieses Spiele entwickelt, um Kindern zu helfen, Entspannung durch den Gebrauch visueller Vorstellungskraft zu gewinnen. Sie sollen lernen, für sich selber eine Tonkassette herzustellen, bei deren Anhören zwischen den einzelnen Sitzungen sie Entspannung üben können. Diese Aktivität und alle damit verbundenen Vorbereitungen werden möglicherweise mehr als eine Sitzung in Anspruch nehmen.

**Material:** Bleistifte und Papier, Kassettenrekorder mit Mikrofon und einem 60-Minuten-Band.

**Methode:** Sie haben sicher schon mit dem Kind über seine Lieblingsorte und Lieblingserfahrungen gesprochen. Nehmen Sie diesen Gesprächsfaden wieder auf und fragen Sie nach ruhigen und beruhigenden Orten, an denen es sich besonders glücklich gefühlt habe – also nicht gerade Autoscooter auf dem Rummelplatz oder eine Fahrt durch die Geisterbahn. Vielleicht machen Sie dabei auch selbst einige Vorschläge, um das Kind auf eine richtige Spur zu bringen. Wenn das nicht klappt, dann halten Sie eine alternative Liste bereit und bitten das Kind, einen der vorgelegten Schauplätze, den es für besonders beruhigend und entspannend hält, auszuwählen.

Dann wäre es Ihre gemeinsame Aufgabe, ein sehr individuelles Entspannungstonband herzustellen. Dazu wäre es gut, wenn das Kind sich hinlegen und ausstrecken würde. Von dieser körperlichen Ausgangslage aus sollte es sich mental durch die eigene Vorstellungskraft entspannen. Wir geben im Folgenden einen beispielhaften Text. Aber er soll Ihnen nur zur Anregung dienen. Denn es ist, wie wir immer wieder betonen, wichtig, dass Sie Ihre Arbeitsaufgaben und Arbeitsprodukte an die Vorlieben des Kindes anpassen und selbstverständlich auch an seinen allgemeinen Entwicklungszustand und seine Belastbarkeit. Achten Sie darauf, dass in der Geschichte dieses Entspannungsbandes keine Gegenstände und Begriffe auftauchen, die bei dem Kind auf Widerstände stoßen. Dies würde das Ziel des Bandes, die mentale Entspannung zu fördern, sabotieren.

Sprechen Sie mit dem Kind über den möglichen Inhalt, notieren Sie einzelne Stichworte und entwickeln Sie daraus zunächst verbal und dann schriftlich eine Geschichte, in die Sie die Ideen des Kindes einfügen und auch die Wörter benutzen, die es gebraucht hat. Wenn der Text fertig ist und das Kind und Sie mit ihm zufrieden sind, dann können Sie das Kind, wenn es älter ist, bitten, ihn sehr langsam und entspannt vorzulesen, um sich auf die Tonaufnahme vorzubereiten. Bei jüngeren Kindern oder Kindern, die noch sehr unsicher sind, mag es sich empfehlen, dass Sie

## Die Entspannungsreise eines neunjährigen Jungen

Im Vorgespräch hatte er seine Lieblingsplätze genannt: Den Regenwald, die Meeresküste und eine Wiese mit hohem Gras. Dazu gehörten auch Tiere und Vögel, besonders aber Mäuse und Affen.

Der Einführungstext der Therapeutin:

*Wir machen uns zu einem langen Spaziergang in den Regenwald auf. Bist du so weit? Ich glaube, du solltest jetzt dein besonderes Sweatshirt anziehen – einen Arm nach oben, dann steckst du ihn durch das Ärmelloch, den anderen Arm nach oben, du steckst ihn auch durch das Ärmelloch. Jetzt kannst du fühlen, wie angenehm und bequem das Sweatshirt ist und kannst beide Arme entspannt bewegen, um dich in ihm wohlzufühlen. Das ist ein ganz besonderes Sweatshirt, das dich beschützt und dir Sicherheit und Bequemlichkeit verschafft und das auch in der Hitze des Sommers angenehm kühlt.*

(Jetzt liest die Therapeutin den Text langsamer und einschläfernder.)

*Wir wandern jetzt langsam den Hügel hinunter bis wir den Waldrand erreichen. Wenn du ganz genau hinhörst, dann hörst du die Vögel singen, die hoch in den Zweigen über uns nisten. … Es ist sehr friedlich hier. Die Blumen blühen wundervoll … und die Sonne blickt gerade zwischen den Zweigen durch und scheint auf das Gras … Du fühlst dich glücklich und zufrieden … Jetzt kommst du an eine kleine Lichtung, wo das Gras höher gewachsen ist und du siehst eine kleine Feldmaus zwischen dem Gras. Du setzt dich ganz leise ins Gras und beobachtest die Maus … sie bleibt stehen, sie schaut dich an und sie kommt auf dich zu, weil du deine Hand ihr entgegengestreckt hast, um sie zu streicheln. Die Maus hat ein wunderbares weiches graues Fell und sie liebt es, von dir gestreichelt zu werden … Du nimmst sie in die Hand und streichelst sie weiter. Und nach einer Weile lässt du sie auf den Boden zurück und sie entwischt dir, um weiter nach Nahrung zu suchen. Langsam stehst du auf und langsam setzt du deinen Weg am Rande des Regenwaldes fort. Die Sonne scheint und in der Ferne kannst du die Brandung des Meeres hören. Nach einer Weile bist du an der Küste. Du siehst die wunderschönen Palmen über dir und fühlst den goldenen Sand zwischen deinen nackten Füßen. Du legst dich nieder in den warmen Sand und achtest auf die sanfte Brandung des Meeres und das Rollen der Kieselsteine. … Du kannst die Wellen hören, wie sie sich im Sande verlaufen. Du fühlst dich ganz entspannt und zufrieden. … Es ist, als ob du auf einer Wolke schweben würdest, wenn du den Wellen zuhörst, die sich am Ufer verlaufen. … Du fliegst auf der Wolke über das Land, über das grüne Gras, dort vorbei, wo du die Maus gesehen hast, du landest sanft am Fuße des Regenwaldes. … Und dann gehst du langsam zurück durch den Wald, ein Affe schwingt sich über dir langsam von Ast zu Ast und was siehst du noch? (Pause) Was hörst du noch am Rande des Regenwaldes? (Pause) Verweile noch ein wenig und lausche den wunderschönen Tieren des Regenwaldes und beobachte ihre bunten Farben.*

(Wieder mit normaler Stimme und normalem Redetempo.)

*Wenn du lange genug zugehört hast, dann komm heraus aus dem Regenwald wieder dorthin, wo wir unsere Wanderung begonnen haben. Zieh dein besonderes Sweatshirt wieder aus, streck den einen Arm aus, dann den anderen, zieh das Hemd über deinen Kopf. Mach ein paar tiefe, tiefe Atemzüge und bewahre dir das Gefühl von Entspannung und Zufriedenheit, mit dem du diese Entspannungsübung verlässt.*

den Text selber lesen. Aber das Kind sollte auf jeden Fall bei der Aufnahme anwesend sein, damit es weiß, dass es sich um seinen Text und sein Tonband handelt.

Dann sollte der Text sehr langsam und entspannt auf die Kassette gesprochen werden. Der Anfangstext und das Ende vielleicht ein klein wenig schneller als der entspannende mittlere Teil. Ehe das Kind das Band benutzt, stellen Sie noch einmal sicher, dass es die Bedeutung des Gegensatzpaares »entspannt« und »gespannt« deutlich vor Augen hat. In unserem Beispiel mit dem Regenwald ist es wichtig, dem Kind zu sagen, dass es sich vorstellen solle, wirklich in einem Regenwald zu sein. Dann wird es auch an wirkliche Tiere denken, wirkliche Gerüche riechen und wirkliche Geräusche hören. Es wäre sehr gut, wenn es dabei nicht steht oder sitzt, sondern entspannt auf dem Boden liegt. Der Beispieltext, den wir im Folgenden abdrucken, ist vergleichsweise kurz. Passen Sie die Längen an die Ausdauer des Kindes an. Für jüngere und sehr nervöse Kinder kann es besser sein, wenn Sie die Fantasiereise gemeinsam mit ihnen beginnen und beenden durch einen Einleitungs- und Abschlusstext, den Sie selber sprechen, so wie wir es in dem folgenden Beispiel gemacht haben.

**Siehe auch:**
- Die alte Stoffpuppe (S. 62)

## Spiralen

**Alter:** 9 Jahre und älter

**Zielsetzung:** Das Kind kann erkennen, wie sein Stress zu Stande kommt und was man gegen ihn unternehmen kann. Diese Aktivität kann sehr gut im Rahmen therapeutischer Maßnahmen der kognitiven Verhaltensmodifikation zur Reduzierung von Angstgefühlen verwendet werden.

**Material:** Farbstifte, 2 Blätter DIN A4-Papier, Bleistifte.

**Methode:** Stellen Sie dem Kind die Aufgabe, zwei Spiralen zu malen, jeweils eine auf ein einzelnes Blatt Papier. Ein Beispiel finden Sie auf Seite S. 71. Die Bögen der Spirale sollten genügend Raum lassen, um dazwischen einen Text schreiben zu können. Die Überschrift der ersten Spirale lautet »mehr Stress bekommen« oder »ängstlich gemacht« oder »hat mir Angst eingejagt«, je nachdem wie das Kind selber sich ausdrückt. Schreiben Sie von außen in das Innere der Spirale und verwenden Sie dabei einen Vorfall, den das Kind Ihnen kürzlich erzählt hat. Es sollte ein Vorfall sein, in dem Ihr Kind seine Selbstsicherheit verloren hat und gestresst wurde. Der Text sollte dem folgenden Beispiel folgen: »Ich war verwirrt, weil der Lehrer die Klasse aufteilte. Ich dachte, ich wäre in Schwierigkeiten und fühlte mich schlecht und ich dachte, ich würde es nicht schaffen mit Französisch und ich dachte verzweifelt an die anderen Stunden und dachte, ich schaffe es nicht und hatte Stress.«

Jetzt nehmen Sie das zweite Blatt, malen wieder eine Spirale auf und überschreiben sie mit »weniger Stress bekommen«. Jetzt beginnen Sie im Zentrum der Spirale. Schreiben Sie »Ich war im Stress, aber ich erinnerte mich, dass ich in Französisch gut gewesen war und es wieder schaffen könnte. Ich dachte daran, dass ich Sprachen mag und neben meinem Freund sitzen würde. Ich dachte wieder, dass ich es schaffen kann, dass ich es schaffen will und es wurde eine gute Stunde.« An das äußere Ende beider Spiralen schreiben Sie »Kein Stress« mit einem Pfeil *in* die erste Spirale und *aus* der zweiten Spirale. Die Pfeile sollen symbolisieren, dass das Kind in die erste Geschichte ohne Stress hineinging und ohne Stress herauskam. Nehmen Sie eine andere Geschichte, die das Kind Ihnen erzählt hat oder erzählt und die ohne Stress beginnt und mit Stress endet und bitten Sie das Kind zu versuchen, aus dieser ersten Spirale wieder eine zweite Spirale zu machen, die im Stress beginnt und ohne Stress endet.

*Variante: Notausgang*

Wenn die Spirale für Ihr Kind zu kompliziert erscheint, dann verwenden Sie zwei Kästen, in denen Sie den jeweiligen Text auf Linien untereinander schreiben. Der erste linke Kasten beginnt oben links und endet unten rechts in einer Sackgasse. Der zweite Kasten beginnt oben links in der Sackgasse und endet unten rechts mit einem glücklichen Ende – also dem Notausgang.

*Variante: Entfesselungskünstler*

Diese Variante verwendet das Prinzip der Spirale, um Kindern zu erklären, wie sie sich durch die Unwahrheit oder indem sie anderen etwas wegnehmen, in Schwierigkeiten verwickeln und wie sie sich auf der anderen Seite aber auch wieder aus diesen Schwierigkeiten herauswickeln oder »entfesseln«. Einmal führt der Weg ins Innere der Spirale – oder in die Sackgasse – und endet dort, das andere Mal führt der Weg aus den Schwierigkeiten heraus. Ein entsprechender Text könnte etwa lauten: Wenn ich erst einmal eine Lüge erzählt habe, verwickele ich mich immer mehr und habe am Ende das Gefühl, mein Fantasieren ist außer Kontrolle. In der zweiten Spirale könnte dann stehen: »Die Wahrheit zu sagen bedeutet manchmal Mut zu haben und sich selber zu trauen – es macht mich ehrlich und frei.«

**Siehe auch:**
- Klarer Kopf (S. 85)
- Übung macht den Meister (S. 74)
- Jedes Ding hat eine gute Seite (S. 119)
- Kummerkasten (S. 60)

# Wie werde ich den Stress los?

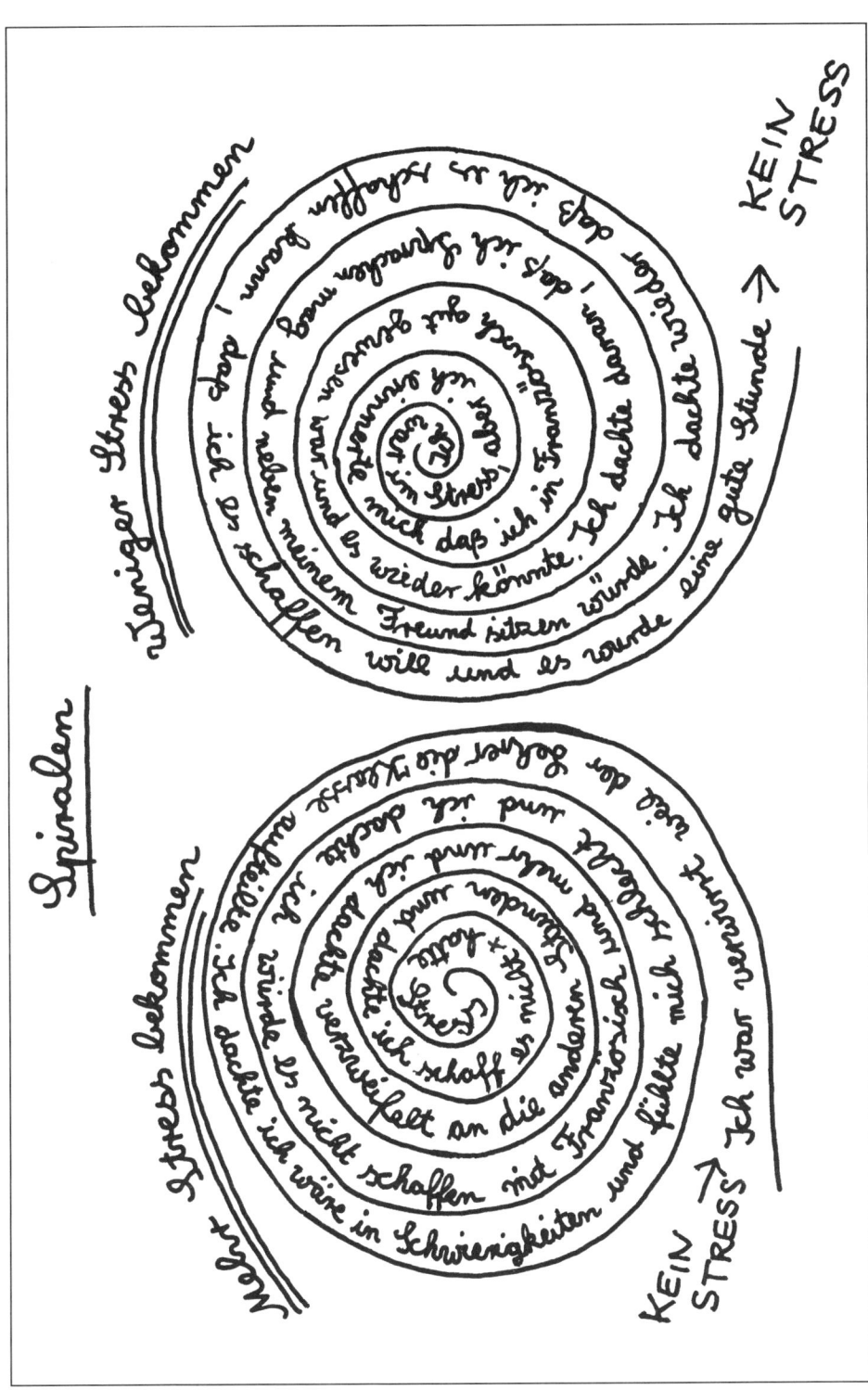

# Neue Fähigkeiten lernen

Manche Verhaltensprobleme haben ihre Ursachen darin, dass einem Kind bestimmte Fertigkeiten fehlen, mit schwierigen Situationen produktiv umzugehen. Alle in diesem Kapitel beschriebenen Tätigkeiten und Spiele sollen Spaß machen und gleichzeitig neue Möglichkeiten eröffnen, mit schwierigen Situationen fertig zu werden.

## Ich kann helfen

**Alter:** 3 – 13 Jahre

**Zielsetzung:** Die Übung soll einem Kind helfen, auch in Problemsituationen Verantwortung zu zeigen. Sie soll das Kind unterstützen, schwierige und Schwierigkeiten bereitende Verhaltensweisen in hilfreiche und Hilfe versprechende Verhaltensweisen zu verwandeln.

**Material:** DIN A4-Papier, Farbstifte.

**Methode:** Sprechen Sie sowohl mit dem Kind als auch mit seiner Bezugsperson, um Situationen und Auslöser herauszufinden, die zu einem Problemverhalten des Kindes führen und eruieren Sie die Vorgeschichte. Helfen Sie dem Kind, diese zu klären und entwickeln Sie gemeinsam alternative Strategien, wie es besser auf die Auslöser seines Problemverhaltens reagieren könnte. Planen Sie Strategien, um das Muster des problematischen Verhaltens des Kindes aufzubrechen. Schreiben Sie diese alternativen Strategien auf ein großes Blatt Papier und bitten Sie die Bezugsperson des Kindes, bei jedem erfolgreichen Versuch einen silbernen Stern unter die entsprechende Alternative zu kleben. Für eine bestimmte Summe erfolgreicher Versuche können sich die Bezugspersonen des Kindes eine Art ritueller Belohnung ausdenken, die aber auch konkreten Wert haben sollte. Die Formulierung der einzelnen Alternativen könnte folgendem Schema folgen: »Wenn ein bestimmter Auslöser (oder ein bestimmtes Signal) auftaucht, kann ich mir dadurch helfen, dass ich … (hier wird die neue Strategie formuliert).« In der Situation selber kann die Bezugsperson Ihrem Kind auch helfen, indem sie die Alternative verbal formuliert: »Du könntest jetzt helfen, indem du …«.

> **Einige Beispiele zur Übung**
>
> Ich kann helfen
>
> - Wenn Mutter das Baby füttern muss, kann ich helfen, indem ich in meinem Lieblingsbuch lese.
> - Wenn Mutter den Einkauf verstaut, kann ich helfen, indem ich die Einkaufstüten zusammenlege und in das Fach im Küchentisch lege.
> - Wenn Vater das Baby badet, kann ich helfen, indem ich seinen Pyjama herauslege und die Körperkrem hinstelle.
> - Wenn Vater telefoniert, kann ich helfen, indem ich mit der Mutter die Wochenendeinkäufe bespreche.

*Variante: Meine Verantwortlichkeiten*

Ältere Kinder werden durch das Übergeben der vollen Verantwortung für bestimmte Aufgaben stärker, gewissenhafter und anerkannter. Sie können deshalb für bestimmte Aufgaben Verantwortung übernehmen, die mit der Problemsituation verbunden sind, in der sie bisher ein problematisches Verhalten gezeigt haben. Diese Strategie zahlt sich aus, vor allem, wenn sie mit bestimmten Formen tatsächlicher oder symbolischer Belohnungen verbunden ist. Stellen Sie aber dabei sicher, dass diese Verantwortlichkeiten nicht die Beziehungen zu anderen Geschwistern beeinträchtigen oder dass sie zu schwierig für ihr Alter sind.

> **Einige Beispiele**
>
> - Wenn wir ausgehen, bin ich dafür verantwortlich, dass vorher das Fernsehgerät ausgeschaltet wird.
> - Wenn wir zurückkommen, bin ich dafür verantwortlich, eine Tasse Tee für Mutter und mich zu machen.
> - Wenn Mutter das Abendessen kocht, bin ich verantwortlich für das Tischdecken und dafür, dass eine Blume auf dem Tisch steht.

**Siehe auch:**
- Auswege (S. 90)

## Übung macht den Meister

**Alter:** 3 Jahre und älter

**Zielsetzung:** Kinder sollen den Wirkungskreis ihres Handelns durch die Fähigkeit vergrößern, mit schwierigen Situationen in einer positiven Weise fertig zu werden. Wiederholtes Üben des neuen erwünschten Verhaltens vergrößert die Chance, dass Kindern dieses Verhalten in Fleisch und Blut übergeht.

**Material:** Bleistift, DIN A4-Papier, vorgestanzte glänzende Sterne, Puppen für die Variante.

**Methode:** Wenn Sie einem Kind beibringen wollen, eine neue Fertigkeit in einer Problemsituation zu zeigen, dann müssen die Kinder diese neue Fertigkeit sehen, darüber reden und sie selber üben können. Deshalb ist es bei dieser Übung von ausschlaggebender Bedeutung für das Kind, dass es selber aktiv an der Entwicklung eines positiven und alternativen Verhaltens beteiligt ist. Diese Übung ist besonders für Schulkinder und ältere Kinder gedacht. Kinder unter 6 werden besser mit der Variante zurechtkommen.

Auf einem DIN A4-Papier schreiben Sie eine Liste positiver und angemessener Verhaltensweisen für ein bestimmtes Problem unter der Überschrift: »Wie es gut geht.« Beispielsweise: »Wie man mit einem Fremden telefoniert, ohne dabei verlegen zu sein«, oder: »Wie man mit Kindern umgeht, die drängeln oder einen piesacken.« Helfen Sie dabei, dem Kind verstehen zu geben, dass es meistens mehrere Möglichkeiten gibt, um mit einer Situation fertig zu werden – das hängt von der Situation ab, von den anderen Beteiligten, vom Alter des Kindes und seiner Entwicklung. Dabei wird es auch nötig sein, dass das Kind versteht, wie andere an der Situation Beteiligte sich dabei fühlen mögen.

Sprechen Sie noch einmal über alles, was Sie aufgeschrieben haben, um sicherzustellen, dass Sie alle möglichen Eventualitäten erfasst haben – beispielsweise, dass ein Anrufbeantworter und nicht der Fremde den Anruf entgegennimmt; oder wie man sich verhalten sollte, wenn jemand auf rüde Weise eine freundliche Bitte abschlägt. Arbeiten Sie gemeinsam einen Plan aus, wie man sich in diesen Situationen verhalten soll, damit das Kind das Gefühl hat, dass es immer eine Lösung bei der Hand hat, was auch passieren mag.

Üben Sie die möglichen Situationen, indem zunächst einmal Sie handeln, als wären Sie das Kind: Dabei können Sie laut darüber nachdenken, warum Sie so handeln wie Sie handeln, und dienen gleichzeitig als Modell für angemessenes Verhalten bei dem Kind. Bitten Sie dabei das Kind, Ihnen eine Rückmeldung darüber zu geben, ob Sie es gut und plausibel gemacht haben. Wenn beim Verhalten andere Leute eine Rolle spielen, dann können Sie das Kind bitten, eine andere Person zu sein – beispielsweise die fremde Person am Ende des Telefons, oder der Drängeler in der Warteschlange. Üben Sie dieses Rollenspiel mehrere Male, sodass das Kind die angemessenen Reaktionen auch wirklich lernen kann. Als Erwachsener sollten Sie dabei ein Modell sein, dessen Verhalten man abnehmen kann, aber nicht ein perfektes Vorbild, hinter dem man immer zurückbleiben wird. Versuchen Sie auch im Rollenspiel etwas Humor unterzubringen und die Situation spielerisch und nicht allzu ernsthaft zu gestalten.

Jetzt ist das Kind an der Reihe. Bitten Sie das Kind, eine Situation vorzugeben und handeln Sie jetzt auf der »anderen Seite«, beispielsweise als ein älterer Junge, der drängelt. Beginnen Sie dabei mit vergleichsweise einfachen Situationen, damit das Kind zunächst einmal Sicherheit gewinnen kann.. Bei jeder Wiederholung sollten Sie darauf achten, dass Sie vor jeder konstruktiven Kritik ungefähr vier positive Kommentare zu der Handlungsweise Ihres Kindes geben. Stellen Sie sicher, dass dieselbe Situation solange wiederholt wird, bis das besprochene und erwünschte Verhalten des Kindes »sitzt«. Dann schreiten Sie zur nächsten möglichen Situation fort, bis alle vorgenommenen Situationen erspielt worden sind.

Zum Schluss könnten Sie den Versuch machen, das Kind mit einer leichten, aber wirklichen Alltagssituation zu konfrontieren. Schlagen Sie ihm beispielsweise vor, das Schwimmbad anzurufen und sich zu erkundigen, was der Eintritt für ein Kind unter zwölf Jahren kostet. Oder bitten Sie die anwesende Bezugsperson des Kindes, einen Jungen zu spielen, der in der Warteschlange drängelt, damit das Kind die Praxis der gerade gelernten Verhaltensweise in einer realistischeren Situation abschließend vorführen kann. Bitten Sie das Kind, die Fälle zu dokumentieren, in denen es das neue, »bessere« Verhalten erfolgreich gezeigt hat. Erkundigen Sie sich immer wieder danach, bis Sie sicher sein können, dass das Kind das neue Verhalten auch zuverlässig und jederzeit zeigt.

*Variante: Das Spiel mit den Puppen*

Bei jüngeren Kindern kann es besser sein, das Rollenspiel durch Puppenspiel zu ersetzen, an dem das Kind beteiligt ist. Benutzen Sie Puppen, die aus Fernsehfilmen im Nachmittagsprogramm bekannt sind. Lassen Sie die Puppen eine Sache machen, die sie eigentlich nicht tun sollen und lassen Sie eine Puppe die Kinder fragen, was muss ich jetzt eigentlich anders machen, oder was habe ich jetzt eigentlich falsch gemacht, oder warum kann ich jetzt damit gar nicht landen? Dann wird das Kind die richtige Antwort geben und die bessere Verhaltensweise auf aktive Weise formulieren, ohne sie gleich selber zeigen zu müssen.

**Siehe auch:**
- Auswege (S. 90)
- Spiralen (S. 69)

## Die sichere Hand

**Alter:** 3 Jahre und älter

**Zielsetzung:** Eine Erinnerungsübung, um Kindern in Situationen, in denen sie sich unsicher fühlen, eine Gedächtnisstütze zu geben, mit wem sie sich schnell in Verbindung setzen können. Diese Übung passt gut für überängstliche Kinder und zum Thema Kinderschutz.

**Material:** DIN A4-Papier, Farbstifte, 1 Bleistift

**Methode:** Legen Sie eine Hand des Kindes auf ein weißes Blatt Papier und zeichnen Sie die Umrisse der Hand auf dem Papier ab. Fragen Sie das Kind nach 5 Erwachsenen, denen es sich anvertrauen möchte, wenn ihm etwas Bedrohliches passiert oder wenn es sich – aus welchen Gründen immer – unsicher fühlt. Schreiben Sie die Namen dieser Leute auf die Finger der Hand, die sie abgezeichnet haben (S. 77). Ältere Kinder, die das Telefon benutzen können, können einen Ring am Finger der Bezugsperson zeichnen, die in Notfällen die höchste Priorität besitzt. Der Ring bedeutet: Die da oder den da will ich als erste anrufen. Dabei sollte natürlich auch die Telefonnummer dieser Person auf der Zeichnung festgehalten werden.

Trainieren Sie das Kind durch vielfache Wiederholung darauf, die 5 Menschen und ihre Telefonnummer auswendig zu lernen, die ihm im Notfall helfen könnten. Versuchen Sie, das auf eine lustige Weise zu machen. Beispielsweise, indem Sie eine andere Tätigkeit unterbrechen und fragen: »Hilf mir doch mal – wie heißen die Leute an deiner sicheren Hand?« Stellen Sie auch sicher, dass das Kind begreift: Wenn eine Person nicht antwortet oder den Anruf nicht ernst nimmt, dann muss das Kind die zweite Nummer wählen, und dann die dritte und dann die vierte. Solange, bis es jemanden gefunden hat, der seine Sorge ernst nimmt. Machen Sie dem Kind auch klar, dass diese sichere Hand immer bei ihm ist und es erinnert, an wen es sich wenden kann, wenn es in Schwierigkeiten ist.

Falls das Kind Schwierigkeiten hat, die Namen der Leute zu behalten, an die es sich wenden kann, dann soll das Bild mit der sicheren Hand an einer gut sichtbaren Stelle zu Hause hängen. Bei jüngeren Kindern sollte die Bezugsperson zu Hause von Zeit zu Zeit noch einmal die entsprechenden Namen abfragen.

*Variante: Die sicheren Hände*

Bei Pflegekindern und Kindern, deren Eltern voneinander getrennt sind, wird es sich als hilfreich erweisen, zwei Hände zu malen. Jede dieser Hände ist für eine bestimmte Situation zuständig, beispielsweise für »zu Hause« oder »wenn ich bei mei-

# Neue Fähigkeiten lernen

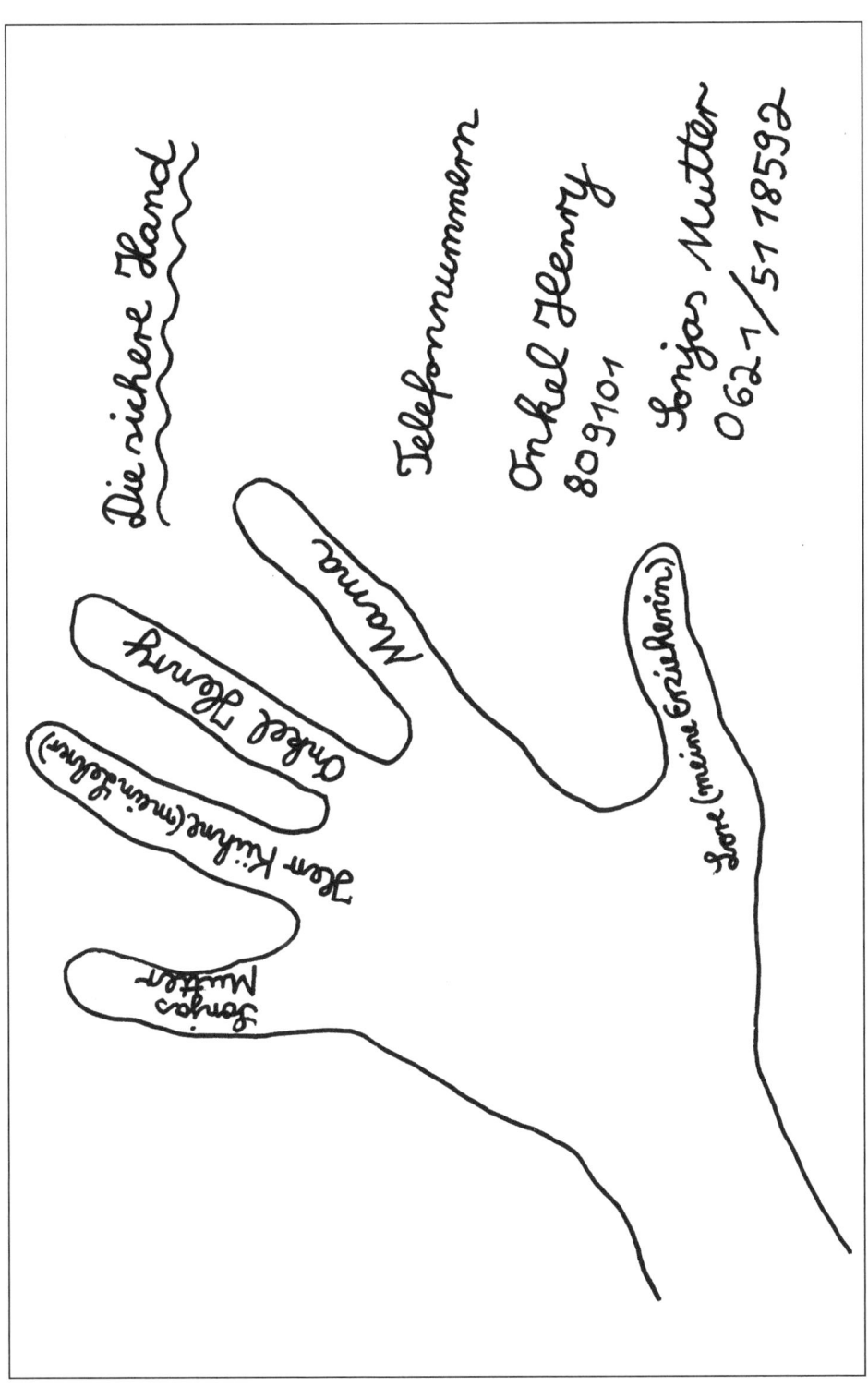

nem Vater bin«. Es macht nichts aus, wenn bestimmte Personen auf jeder der beiden Hände erscheinen – beispielsweise die Sozialarbeiterin des Kindes. Vergessen Sie nicht, einen Ring auf dem Finger der Person zu zeichnen, die das Kind zuallererst anrufen kann. Und vergessen Sie auch nicht, die Telefonnummer auf der Zeichnung festzuhalten.

**Siehe auch:**
- Auswege (S. 90)
- Das Buch der Erinnerungen (S. 101)
- Mein Trimm-Dich-Pfad (S. 79)

## Mein Trimm-Dich-Pfad

**Alter:** 4 Jahre und älter

**Zielsetzung:** Um eine Beziehung aufzunehmen, um neue Themen ins Spiel zu bringen und neue Fertigkeiten und Regeln auf eine spielerische Weise einzuführen. Auch um eine nicht bedrohliche Atmosphäre für ein Gespräch über schwierige Themen einzuleiten. Es kann auch benutzt werden, um den erzielten Fortschritt sichtbar zu machen.

**Material:** 1 großes Papier (DIN A3 oder größer) oder entsprechender dünner Karton. 12 Karten aus Karton im Umfang von ca. 10 × 10 cm.

**Methode:** Man kann die Spielfläche entweder vorher aufzeichnen oder sie zusammen mit dem Kind malen.

Sie malen eine lange und gewundene Wegstrecke und teilen Sie in kleine Abschnitte ein. In einige dieser Abschnitte schreiben Sie »Ein Feld vorrücken« oder »Noch mal würfeln«. In andere Felder schreiben Sie »Ein Feld zurück« oder »Einmal aussetzen«. In einige Felder malen Sie einen Stern. Am Anfang schreiben Sie Start und am Ende schreiben Sie Ziel. Sehen Sie sich bitte das Beispiel in diesem Buch an (S. 81).

Dann schneiden Sie 12 kleine Spielkarten aus und bemalen Sie mit Handlungen, die sich direkt auf den Alltag des Kindes beziehen. Beispiele dafür finden Sie in dem Kasten dieses Textes. Achten Sie darauf, dass Sie mehr positive als negative Karten haben. Positive Anweisungen lauten: »Rücke 2 Felder vor« oder »du darfst noch einmal würfeln«. Negative Karten lauten: »Setz einmal aus« oder »Ein Feld zurück«. Diese Karten sollten aufgeschichtet neben dem Spielfeld liegen. Das Kind sollte einen Stern auf die Rückseite jeder Karte malen, der dem Stern in den Spielfeldern entspricht.

Jeder Spieler erhält eine Figur von unterschiedlicher Form oder Farbe. Es wird gewürfelt. Wenn ein Spieler auf einem Feld mit einem Stern landet, muss er eine Karte aufnehmen und den Anweisungen folgen, die auf der Karte stehen. Die Karte enthält Begründungen für das Vorrücken oder Zurückgehen. Über diese Gründe kann auch gesprochen werden. Kinder, die noch nicht lesen können, erhalten Hilfe von den Kindern, die bereits lesen können oder vom Erwachsenen. Bei ihnen sollte es weniger oder kein Zurückgehen geben. Es ist für das Selbstwertgefühl dieser Altersgruppe nicht nützlich. Kinder im Lesealter können das Zurückgehen besser ertragen, wenn sie die Gründe dafür kennen.

| Beispiele: Für die Beschriftung der Spielkarten | | |
|---|---|---|
| **Wenn ich Angst habe:** | | |
| | Ich habe mit meiner Mutter gesprochen. | 2 Felder vorrücken. |
| | Ich hab mit der Schwester gespielt. | 1 Feld vorrücken. |
| | Ich habe mit Vater geschmust. | 3 Felder vorrücken. |
| | Ich hab meiner Mutter nichts von meinem Alptraum erzählt. | 2 Felder zurück. |
| **Bei Schulschwierigkeiten:** | | |
| | Ich hab mit Mutter darüber gesprochen. | 3 Felder vorrücken. |
| | Ich habe alle meine Schularbeiten gemacht. | 4 Felder vorrücken. |
| | Ich hab meiner Banknachbarin geholfen. | 2 Felder vorrücken. |
| | Ich hab mich nicht gewehrt, als ich von einem Klassenkameraden angegriffen wurde. | 2 Felder zurück. |
| **Persönliche Hygiene:** | | |
| | Ich bin gleich zur Toilette gegangen, als ich musste. | 4 Felder vorrücken. |
| | Es ist den ganzen Tag kein Unglück passiert. | 3 Felder vorrücken. |
| | Habe vergessen, aufs Klo zu gehen, ehe ich einkaufen musste. | 2 Felder zurück. |

Das Spiel kann benutzt werden, um unterschiedliche Verhaltensweisen in unterschiedlichen Situationen zu verstärken bzw. als weniger sinnvoll zu kennzeichnen. Zu jedem speziellen Thema kann ein extra Kartensatz benutzt werden. Auf jeden Fall ist es gut, sich bei einem jeden Spiel auf ein spezielles Thema zu konzentrieren. Lediglich wenn das Spiel als eine generelle Überprüfung von Lernerfolgen nach einer Reihe von therapeutischen Sitzungen benutzt werden soll, können unterschiedliche Themen miteinander gemischt werden.

**Siehe auch:**
- Kreuzworträtsel (S. 82)

## Kreuzworträtsel

**Alter:** 8 Jahre und älter

**Zielsetzung:** Das Spiel eignet sich dafür, den Fortschritt während einer Sitzung mit dem Kind zu festigen oder den Lernerfolg zu sichern, wenn eine spezielle Fertigkeit gelehrt wurde. Es eignet sich nur für Kinder, die bereits gut im Buchstabieren sind.

**Material:** Bleistifte oder Filzstifte, 2 Exemplare der Vorlage für Kreuzworträtsel.

### Kreuzworträtsel

Name:

Dies ist eine Vorlage für ein Kreuzworträtsel. Am besten, Sie kopieren die Vorlage, vielleicht auch vergrößern Sie sie. Dann schreibt das Kind einzelne Buchstaben deutlich in jeweils ein Kästchen. Man kann Wörter (auch ganze Sätze) von links nach rechts und von oben nach unten schreiben. Lange Wörter oder Sätze kann man auch zunächst von links nach rechts, dann um die Ecke von oben nach unten und dann wieder um die Ecke von rechts nach links und waagerecht schreiben.

Wenn ihr eure Wörter eingetragen habt, dann füllt ihr die restlichen Kästchen mit anderen Buchstaben aus.

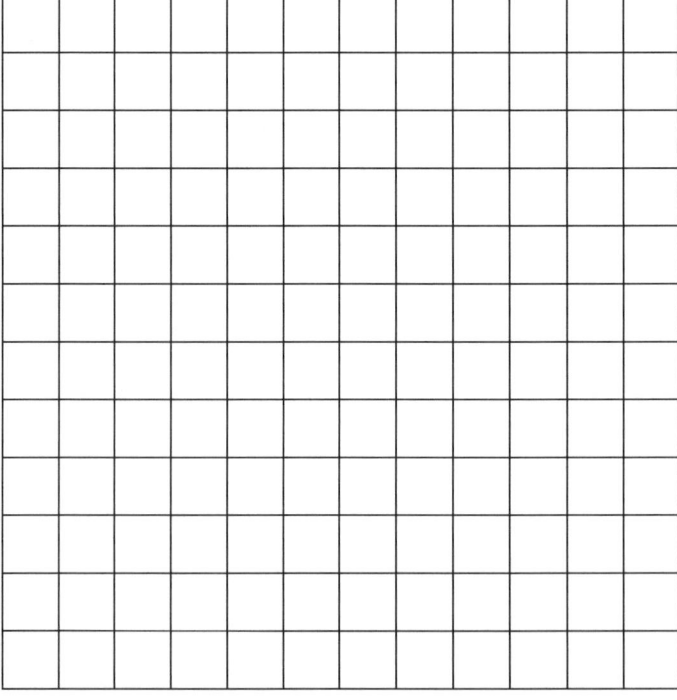

**Methode:** Sie benutzen die Vorlage für das Kreuzworträtsel. Eine davon geben Sie dem Kind, die andere behalten Sie für sich. Nachdem Sie die Kopfzeile ausgefüllt haben, erklären Sie dem Kind, dass Sie jetzt beide ein Kreuzworträtsel herstellen werden, indem der jeweils andere Spieler die Wörter finden muss, welche Tätigkeiten bezeichnen, die ihm bei seinen Schwierigkeiten helfen können. Beispielsweise: Wie kann ich mich entspannen? Antworten: Lesen, baden, Fernsehen gucken, Spazieren gehen, mit der Mutter schmusen. Oder: Welche Gefühle hat meine Mutter, wenn ich meinen Bruder nicht mehr schlage? Antwort: Freude, Entspannung, Glück, Entlastung, Stolz. Erklären Sie dem Kind, dass es das Beste ist, zunächst die Worte waagerecht oder senkrecht einzutragen und dann die freien Kästchen mit anderen Buchstaben auszufüllen. Das Kind soll die Wörter, die es in das Kreuzworträtsel eingetragen hat, unten auf der Vorlage aufschreiben, soll sie Ihnen aber nicht zeigen. Das dient zur Kontrolle, ob Sie alle Wörter entdeckt haben, die das Kind eingetragen hat. Während das Kind an diesem Kreuzworträtsel arbeitet, machen Sie ihr eigenes Rätsel und bitten das Kind, es zu lösen. Bei jüngeren Kindern empfiehlt es sich, die Freiräume zwischen den Wörtern mit XY auszufüllen, damit die richtigen Wörter leichter gefunden werden können.

Dann tauschen Sie die beiden Kreuzworträtsel aus. Nehmen Sie in Kauf, dass es Ihnen manchmal nicht leicht fällt, das Kreuzworträtsel des Kindes zu entziffern, weil die Wörter nicht korrekt geschrieben worden sind. Bitten Sie das Kind dann um Hilfe. Besprechen Sie danach die Wörter, die sie beide gebraucht haben und auch andere Wörter, die in diesem Zusammenhang gepasst hätten.

**Siehe auch:**
Mein Trimm-Dich-Pfad (S. 79)

# Bewältigungsstrategien

Diese Spiele haben wir aus den Übungen entwickelt, die wir im vorigen Kapitel vorgestellt haben. Sie sollen dem Kind seine eigene Rolle bei der Veränderung seines Verhaltens verständlich machen. Die Spiele dieses Kapitels enthalten Handlungen, die dem Kind helfen sollen, seine Probleme zu lösen. Dabei spielen auch Überlegungen eine Rolle, wie der Gesichtskreis des Kindes so erweitert werden kann, dass es neue Möglichkeiten findet, seine kindliche Welt zu interpretieren und Perspektiven für die Zukunft zu entwickeln.

## Klarer Kopf

**Alter:** 7 bis 14 Jahre

**Zielsetzung:** Bei diesem Spiel handelt es sich um eine kognitive Technik, Gedanken voneinander zu unterscheiden, die entweder hilfreich oder hinderlich sind. Auch soll es dem Kind helfen, positives Denken zu praktizieren.

**Material:** Farbstifte und DIN A4-Papier.

**Methode:** Sprechen Sie mit dem Kind über Gedanken, die Ärger ausdrücken oder die zu geringer Selbstachtung führen. Wenn Sie ein paar von diesen Gedanken aufgeschrieben haben, dann malen Sie auf die linke Seite eines DIN A4-Querformates eine traurige Fantasiegestalt (S. 87). Diese traurige Gestalt verkörpert »Gedanken, die mich nach unten ziehen«. Darüber malen Sie eine Sprechblase, welche die Gedanken enthält, die das Kind Ihnen als niederdrückend mitgeteilt hat. Beispiel: »Nie will jemand mit mir spielen«.

Auf die andere Seite des Querformats zeichnen Sie eine Gestalt, welche »aufbauende Gedanken« verkörpert. Jeder niederziehende Gedanke sollte durch mindestens einen, besser noch zwei »aufbauende Gedanken« in Schach gehalten werden. In unserem Beispiel: »Kitti hat gestern mit mir gespielt« und »Tom spielt immer mit mir, wenn ich ihn frage«. Man wird anfangs dem Kind helfen müssen, solche aufbauenden Gedanken zu entwickeln. Versuchen Sie dabei, die Sprache des Kindes zu treffen und loben Sie es, wenn es wieder einen positiven Gedanken gefunden hat. Sprechen

Sie darüber, wie man solche aufbauenden Gedanken mobilisieren muss, wann immer niederdrückende Gedanken einen plagen.

Sie können dem Kind als Hausaufgabe auftragen, über einige Bilder mit aufbauenden Figuren die dazu passenden aufbauenden Gedanken einzutragen. Wenn Sie sich das Ergebnis bei der nächsten Sitzung ansehen und herausfinden, dass einige dieser Gedanken in der Tat nicht aufbauend, sondern niederdrückend sind, dann helfen Sie dem Kind, sie in hilfreiche Gedanken umzuwandeln.

*Variante: Gedankensäulen*

Mit älteren Kindern kann man dieses Spiel auch anders spielen. Sie malen 2 Rubriken auf mit den Überschriften: ›unnütze Gedanken‹ und ›hilfreiche Gedanken‹. Dann unterstreichen Sie die Notwendigkeit, mehr als einen hilfreichen Gedanken zu entwickeln, um einen niederdrückenden Gedanken in Schach zu halten. Das kann die Entwicklung positiven Denkens trainieren. Ältere Kinder werden mehr Spaß daran haben, wenn sie sich vorstellen, dass sie einem Freund dabei helfen können, seine eigenen trüben Gedanken aufzuhellen.

**Siehe auch:**
- Der Schutzengel (S. 88)
- Selbstgespräch (S. 93)

## Der Schutzengel

**Alter:** 8 bis 12 Jahre

**Zielsetzung:** Das Spiel soll Ihrem Kind helfen, problematisches Verhalten durch die Hilfe Dritter zu überwinden. Es kann auch seine Motivation unterstützen, sich zu ändern.

**Material:** DIN A4-Papier und Farbstifte.

**Methode:** Wenn Sie mit dem Kind über ein aktuelles Problem sprechen, das es hat, dann versuchen Sie, Menschen, Gegenstände oder Handlungen herauszufinden, die ihm helfen können, das Problem zu lösen. Die Liste soll solche Strategien enthalten, welche Ihr Kind schon erfolgreich verwendet hat, aber auch solche, die im Prinzip hilfreich sind, die aber aufgegeben wurden. Fügen Sie auch solche Strategien hinzu, die Sie in einer früheren Sitzung mit dem Kind besprochen haben.

Dann malen oder pausen Sie eine Figur, die einen Schutzengel darstellen soll (S. 89). Dabei kann es sich um eine traditionelle Engelsfigur handeln, aber auch um einen jener jungen Leute, die man heute als »Guardian Angel« im Straßenverkehr findet. Das Gesicht, die Arme und die Beine dieses Schutzengels beschriften Sie mit hilfreichen Handlungen. Beispielsweise: Aus dem Mund kommt die Sprechblase: »Ich rede mit meiner Mutter jeden Tag einmal über meine Sorgen«. Der rechte Arm enthält den Satz: »Mein bester Freund hilft mir«. Der linke Arm enthält den Satz: »Ich kann mir selber helfen«. Das rechte Bein: »Ich stehe fest auf der Erde«. Das linke Bein: »Wenn nötig, renne ich weg«. Versuchen Sie dabei, die Sprache des Kindes zu treffen. Manchmal ergeben sich pfiffige Formulierungen aus dem Gespräch. Wenn das Bild fertig ist, bitten Sie das Kind, es mit nach Hause zu nehmen und zu Hause aufzuhängen, damit es immer wieder daran erinnert wird, wie man mit Problemen fertig werden kann. Manche Kinder machen einen Strich auf dem Bild, wenn es sie an eine der darauf enthaltenen Strategien erinnert hat.

**Siehe auch:**
- Auswege (S. 90)
- Die sichere Hand (S. 76)

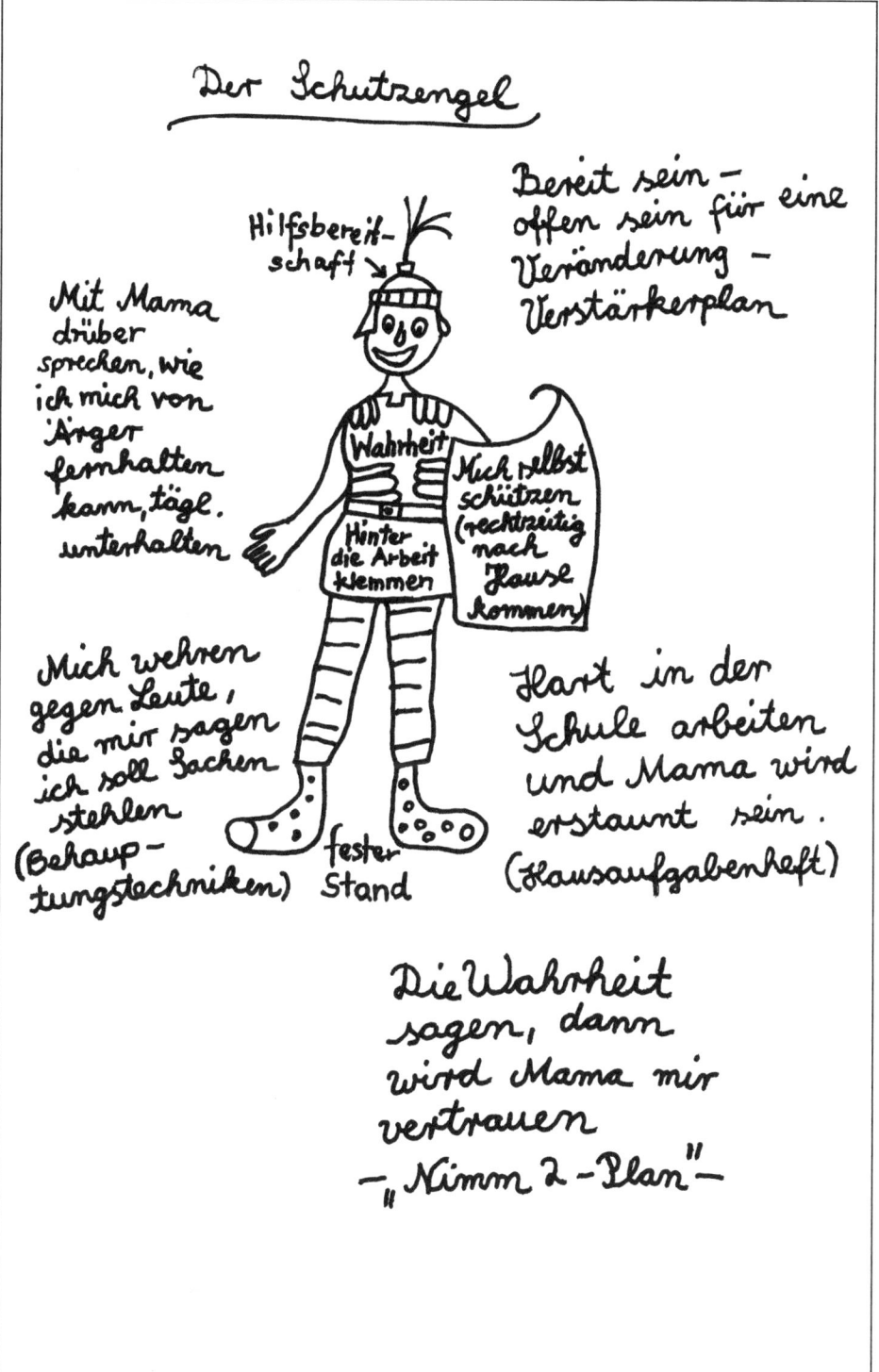

## Auswege

**Alter:** 8 Jahre und älter

**Zielsetzung:** Das Spiel soll einem Kind bei der Erkenntnis helfen, dass es in der Lage ist, den Lauf der Dinge durch eigenes Handeln zu wenden. Diese Erkenntnis ist immer dann besonders nützlich, wenn ein Kind an Verhaltensweisen festhält, die andere Menschen wütend machen.

**Material:** 1 DIN A3-Bogen oder mehrere zusammengeklebte DIN A4-Bögen und Filzstifte in mindestens 2 unterschiedlichen Farben.

**Methode:** Sie haben von dem Kind und seiner Bezugsperson Informationen über Ereignisse erhalten, die zu größeren Schwierigkeiten des Kindes geführt haben. Versuchen Sie im Gespräch mit dem Kind, diese »Schwierigkeiten« in verschiedene kausal- oder zeitlich aufeinander folgende Einzelschritte zu zerlegen und dabei auch die Gefühle des Kindes und anderen (betroffenen) Personen zur Sprache zu bringen. Schreiben Sie die Ausgangslage und den ersten Handlungsschritt auf dem großen Papier links oben auf und malen drumherum einen Kasten. Dabei sollte links und rechts noch genügend Raum für andere grafische Elemente bleiben. Dann zeichnen Sie einen Pfeil von diesem ersten Schritt zum nächsten Schritt nach unten. Auf diese Weise zerlegen Sie das zur Diskussion stehende Ereignis in viele aufeinander folgende Schritte. Die Zeichnung wird das illustrieren (S. 91). Und je nach dem Alter des Kindes beschreiben Sie dies als einen Weg, der mit einer Kette von Schlaglöchern gespickt ist oder als eine steile Treppe, die nach unten in ein Kerkerloch führt. Erklären Sie, dass sie nun gemeinsam einen Ausweg finden wollen, der aus dem Kerker hinaus in ein sicheres Gelände führt.

Wenn Sie diesen Anweisungen folgen, werden Sie eine Kette von Kästen gemalt haben, die durch Pfeile verbunden sind und die mit einer Situation enden, in der das Kind in wirklichen Schwierigkeiten ist. Markieren Sie diese wirklichen Schwierigkeiten mit einem Kasten, in dem in großen Buchstaben »SITZE IN DER FALLE« steht. Vielleicht kommt das Kind auf die Idee, diese Falle mit Flammen oder Schlangen zu illustrieren, die bedrohlich sind. Im nächsten Schritt geht es darum, an möglichst jedem einzelnen Kasten Strickleitern anzubringen, die zu anderen Reaktionen und Verhaltensweisen des Kindes führen. Die Strickleitern sollten mit einer anderen Farbe eingezeichnet werden. Sie sollten zu freischwebenden Wolken führen, in die das neue und hilfreiche Verhalten eingeschrieben wird. Dieses neue und hilfreiche Verhalten müssen Sie mit dem Kind in jedem einzelnen Fall gemeinsam entwickeln und besprechen. Schreiben Sie nur das Verhalten in die Wolke, finden Sie so viele Strickleitern wie möglich, aber machen Sie dabei klar, dass die Auswege immer schwieriger werden, je tiefer das Kind ins Kerkerloch rutscht. Unser Beispiel zeigt eine typische Situation für Kinder, die nicht das tun, was man ihnen sagt. Zunächst streiten sie,

# Bewältigungsstrategien

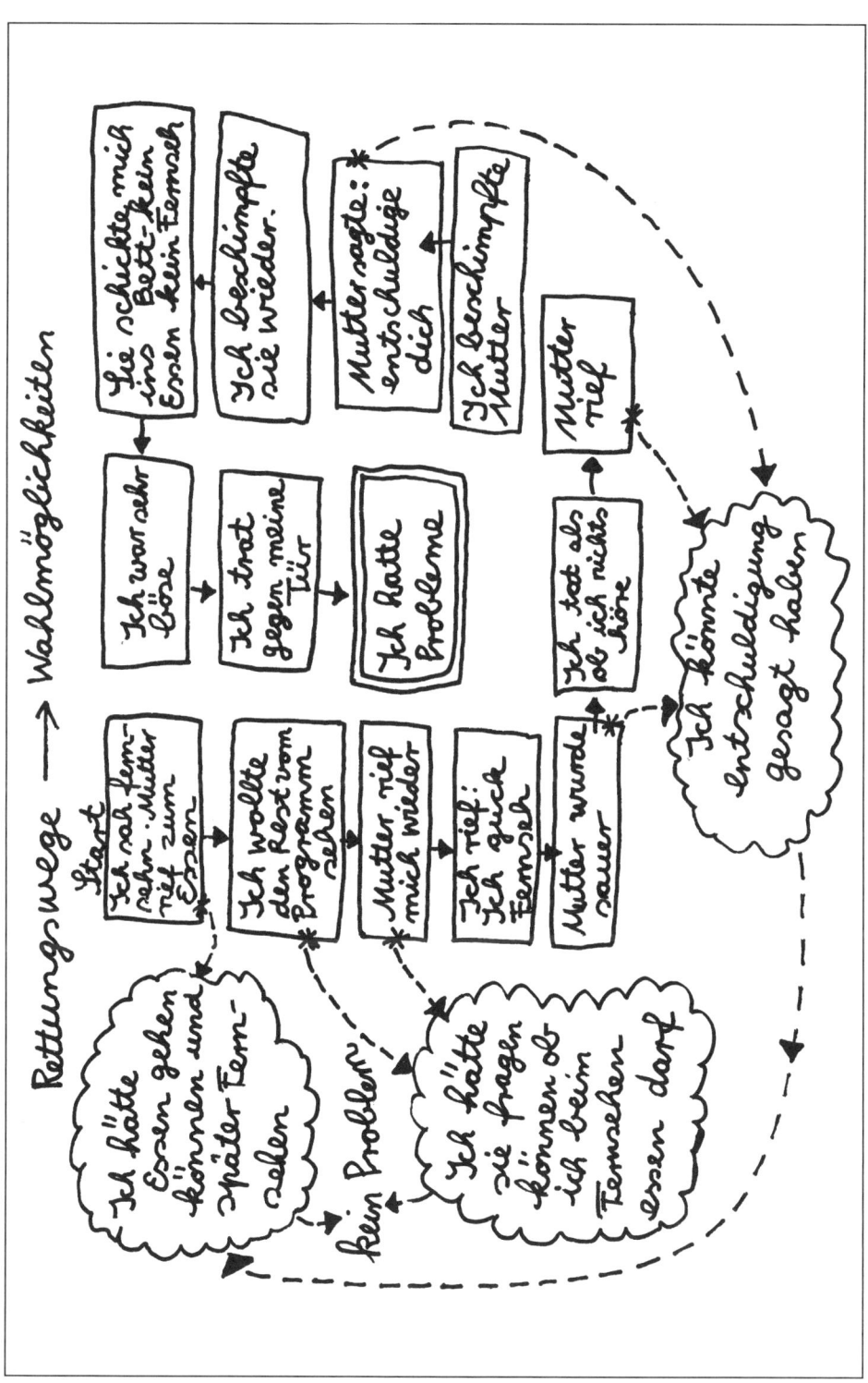

dann widersprechen sie, dann ignorieren sie die Bitten der Bezugspersonen und schließlich schreien sie mit ihren Eltern. Indem Sie die unterschiedlichen Schritte aufmalen, die zu den letztendlichen Schwierigkeiten führen, helfen Sie dem Kind zu erkennen, wie eine Verhaltensweise eine andere Verhaltensweise und eine andere Reaktion der Bezugspersonen nach sich zieht. Das soll dem Kind helfen, mit unterschiedlichen Verhaltens- und Reaktionsweisen zu experimentieren, die es zu einer neuen Haltung führen können.

Bitten Sie das Kind, die Zeichnung seiner Bezugsperson zu erklären, und erklären Sie, wenn möglich, dass es noch andere Personen geben könnte, die sich auch unterschiedlich verhalten haben, um aus dem Familienmuster auszubrechen. Wenn die Bezugspersonen des Kindes mit diesem Ansatz übereinstimmen, bitten Sie sie die »Ausweg-Karte« auch zwischen den einzelnen Sitzungen zu verwenden. Bitten Sie das Kind in darauffolgenden Sitzungen Situationen zu beschreiben, wo es diese Auswege verwendet hat. Vielleicht möchte das Kind solche Situationen für Sie aufzeichnen und dabei zeigen, wie es den »guten« Weg benutzt und den »schlechten« vermieden hat.

Wir haben jedenfalls bei diesem Spiel herausgefunden, dass viele Eltern durch die Beteiligung an diesem Spiel ihren eigenen Anteil an den Problemen ihrer Kinder erkannt haben und dass sie in späteren Sitzungen in der Lage waren, uns über die Fluchtrouten zu informieren, die sie selber – angeregt durch dieses Spiel – entdeckt hatten.

**Siehe auch:**
- Der Schutzengel (S. 88)
- Kosten und Nutzen (S. 57)
- Die sichere Hand (S. 76)
- Spiralen (S. 69)

## Selbstgespräch

**Alter:** 9 Jahre und älter

**Zielsetzung:** Das Spiel soll automatische und positive Gedanken in Problemsituationen unterstützen und dem Kind helfen, seine gedanklichen Muster zu erkennen und positive Gegenmuster zu erproben.

**Material:** Farbstifte und DIN A4-Papier. Zerschnittene Karteikarten in den Maßen 2 × 6 cm.

**Methode:** Bei Ihrer Arbeit mit dem Kind werden Sie Problembereiche erkennen, in denen das Kind negatives Denken entwickelt. Dabei geht es meist um Befürchtungen im Hinblick auf Ereignisse, die eintreten werden oder die Reaktion von Personen, mit denen das Kind Schwierigkeiten hat. In solchen Fällen sollten Sie dem Kind helfen, alternative Szenarien zu entwickeln und dabei die Entstehung der Gedanken zu verfolgen, die ihm dabei hinderlich sind. Schreiben Sie diese Gedanken auf die eine Seite des Papieres mit genügend Freiraum dazwischen. Die Liste muss nicht vollständig sein, weil sie auf der anderen Seite des Papiers eine Menge mehr positive Alternativen aufschreiben werden. Wenn Sie erst einmal genügend negative Gedanken zusammen haben, können Sie sie zu einer übergeordneten Kategorie zusammenbinden (»fehlende Selbstsicherheit«, »fehlendes Vertrauen in andere«, »ich bin ein Perfektionist«, »ich sehe alles schwarz«). Angesichts dieser neuen Überschriften, die allerdings von dem Kind verstanden werden müssen, bitten Sie das Kind, positive Selbstgespräche zu erfinden. Das Kind braucht dazu möglicherweise Ihre Hilfe, aber ermutigen Sie das Kind auf jeden Fall und benutzen Sie dabei seinen Wortschatz und seine Sprache so weitgehend wie möglich.

---

**Beispiele für positive Selbstgespräche**

- Natürlich mach ich Fehler – aber Fehler macht doch auch Harry und er ist der Beste in unserer Klasse …
- Es ist doch eine tolle Sache, wenn ich jemandem vergeben kann, der einen Fehler gemacht hat, unter dem ich ein bißchen leiden musste …
- Ich kann doch eine Menge aus meinen eigenen Fehlern lernen …
- Ich bin doch überhaupt kein Verlierer – ich bin doch einer, der durchhält …
- Ich kenne doch eigentlich eine Menge Leute, die mich mögen …
- Nach vielen Misserfolgen kommt doch immer wieder ein Erfolg. Das ist genauso sicher wie die Tatsache, dass nach dem Regen wieder die Sonne scheint …
- Wenn ich wütend bin, dann muss ich eben bis zehn zählen und noch einmal über alles nachdenken. Und wenn das nicht reicht, dann muss ich eben bis hundert zählen …

Schreiben Sie bitte jeden dieser Sätze auf eine gesonderte Karteikarte, die klein genug ist, damit man sie in einem Geldbeutel oder einem Brustbeutel unterbringen kann. Bitten Sie das Kind, fünf der wichtigsten Themen für ein Selbstgespräch auszuwählen. Und machen Sie den Vorschlag, dass es diese fünf Themen dauerhaft bei sich trägt, damit es sie in ruhigen Minuten lesen und als Aufgabe für entwickelte Selbstgespräche benutzen kann. In den folgenden Sitzungen können neue Themen für Selbstgespräche auftauchen. Die Karten werden dann gegen andere Karten ausgetauscht.

*Variante: Eine tägliche Ermutigung*

Ältere Kinder, die ein Tagebuch führen, können ermutigt werden, jeden Tag ein anderes Selbstgespräch aufzuschreiben, das sich mit den Ereignissen des Tages beschäftigt.

**Siehe auch:**
- Klarer Kopf (S. 85)
- Der Schutzengel (S. 88)

## Ich habe es selbst in der Hand

**Alter:** 10 Jahre und älter

**Zielsetzung:** Das Spiel soll Kinder an den Gedanken gewöhnen, dass es für sie eine Zukunft gibt, die anders sein wird als ihre Gegenwart. Sie sollen feststellen, dass Veränderungen unvermeidlich sind, dass man sie aber wenigstens teilweise der eigenen Kontrolle unterwerfen kann. Es kann helfen, sie an den Gedanken zu gewöhnen, dass solche kontrollierten Veränderungen aus vielen einzelnen kleinen Schritten bestehen.

**Material:** DIN A4- oder DIN A3-Papier, Lineal, Bleistifte.

**Methode:** Ziehen Sie auf dem Papier im Querformat eine Linie von links nach rechts und markieren Sie darauf die Zeitabschnitte »jetzt«, »in drei Monaten«, in »sechs Monaten«, »in einem Jahr«, bei älteren Kindern auch: »in zwei Jahren«, »in fünf Jahren«. Darunter markieren Sie in großen Abständen mögliche Themen in der Entwicklung des Kindes. Suchen Sie dabei Anregungen in der Liste möglicher Themen, die in dem folgenden Kasten vorgeschlagen werden.

---

**Mögliche Entwicklungsthemen:**

- Meine Freunde
- Meine schulische Laufbahn
- Wo werde ich wohnen?
- Was werde ich verdienen?
- Besondere Beziehungen
- Was werde ich in den Ferien machen?
- Welche Hobbys werde ich dann haben?
- Was wird mir Spaß machen?
- Wofür werde ich verantwortlich sein?
- Was werde ich bis dahin erreicht haben?
- Was wird sich bis dahin wesentlich geändert haben?
- Was wird mich dann ärgerlich oder traurig machen?
- Was wird mich dann fröhlich machen?
- Was wird mich dann glücklich machen?

---

Wenn das Kind dazu neigt, die Gegenwart und die nahe Zukunft zu überspringen und nur aufzuschreiben, was sich in fünf Jahren ereignet haben wird, dann sollten Sie das aufschreiben und zu einem späteren Zeitpunkt die näheren Entwicklungsphasen nachtragen. Wenn das Kind dazu tendiert, sich überhaupt nicht mit möglichen Veränderungen zu befassen, dann beginnen Sie mit der Zeitzone, die der Gegenwart am nächsten ist und bewegen sich langsam vorwärts. Vielleicht sollten Sie dann in Sprüngen vorgehen, die an den jeweils nächsten Geburtstagen des Kindes orientiert sind.

Wenn Sie alles aufgeschrieben haben, dann werden Sie es mit dem Kind noch einmal durchgehen. Versuchen Sie herauszufinden, welche zukünftigen Zustände nach der Einschätzung des Kindes am einfachsten und welche am schwierigsten zu bewerkstelligen sein werden. Solche Gespräche sind eine Möglichkeit, das Kind dafür zu gewinnen, an der Erreichung eines Zieles zu arbeiten. Die Übung lässt sich sehr gut mit dem nächsten Spiel über den »ersten Schritt in die Zukunft« verbinden.

**Siehe auch:**
- Vergangenheit, Gegenwart, Zukunft (S. 127)

## Der erste Schritt in die Zukunft

**Alter:** Ältere Schulkinder

**Zielsetzung:** Auch in diesem Spiel soll ein Jugendlicher erkennen, dass er einzelne kleine Schritte in die Zukunft machen kann, die ihn im Laufe der Zeit um vieles weiterbringen werden.

**Material:** DIN A4-Papier, Farbstifte, Filzer, Lineal.

**Methode:** Nachdem Sie mit dem Kind besprochen haben, wie es sich die Zukunft vorstellt, nehmen Sie ein Papier im Querformat, überschreiben es mit »Die ersten Schritte in die Zukunft« und teilen das Blatt in vier Spalten ein. Die Überschrift der ersten Spalte heißt: »Zukunftsziele«, die der nächsten drei Spalten heißen: »Stufe I«, »Stufe II« und »Stufe III«. Wählen Sie ein paar langfristige Ziele, die im Hinblick auf das, was der Jugendliche heute tut, einen wesentlichen Unterschied bedeuten. Schreiben Sie diese langfristigen Ziele in die erste Spalte und besprechen Sie in einem nächsten Schritt, was Ihr Jugendlicher vor Annäherung an diese Ziele heute schon tun kann. Wenn beispielsweise das Zukunftsziel darin besteht, »als Ingenieur zu arbeiten«, dann können die ersten Schritte darin bestehen, in dem Vertiefungsfach »Technologie« der Erweiterten Oberschule mitzuarbeiten, die Schularbeiten im Mathematikunterricht zu verstärken, und mit der Schullaufbahnberaterin darüber zu sprechen, welche anderen Fächer für das Ingenieurstudium von besonderer Bedeutung sind. Bis zur nächsten Sitzung sollten dann einige Schritte eingeleitet worden sein, um diesen Zielen näher zu kommen. Besprechen Sie auf jeden Fall in der nächsten Sitzung die gemachten Fortschritte und vertiefen Sie die Verantwortung Ihres Gesprächspartners beim Nachdenken über die darauf folgenden Schritte.

*Variante: Stufen in die Zukunft*

Für ältere Jugendliche, die mehr als einen oder zwei Schritte gleichzeitig ins Auge fassen können, lohnt sich eine Stufenleiter in die Zukunft, die aus vielen Stufen besteht und die Zielsetzung in viele kleine Einzelschritte zerlegt.

**Siehe auch:**
- Der erste Schritt in die Zukunft (S. 97)
- Ich habe es selbst in der Hand (S. 95)

# Abschied nehmen

Kinder, die mit dem Tod eines Familienmitglieds fertig werden müssen, einen Freund verlieren oder auch ein Lieblingstier, werden mit einem tief greifenden Kummer konfrontiert, der sich in Verhaltensproblemen niederschlagen kann oder in depressiven Stimmungen. Es kann auch sein, dass Kinder zeitweilig von ihren Eltern oder anderen für sie wichtigen Bezugspersonen getrennt werden. Wie Erwachsene auch können sich Kinder in ihren Kummer verrennen. In unserer eigenen Praxis haben wir immer wieder feststellen können, dass es Handlungen und Rituale gibt, die helfen, sich voran zu bewegen. Handlungen, die helfen, mit Verlusten fertig zu werden, das Verlorene in guter Erinnerung zu behalten und das Leben weiterzuführen.

## Es war eine schöne Zeit

**Alter:** 3 Jahre und älter

**Zielsetzung:** Dieses Spiel ist eine Hilfe bei der Verarbeitung von Trauer in Gestalt eines Bildes.

**Material:** Papier und Bleistifte, farbige Filzstifte, Wasserfarben, Kreidestifte, Fotografien und Klebestifte oder Klebefilm.

**Methode:** Fragen Sie das Kind nach seinen guten Erinnerungen an eine Person, an ein Tier, an Ereignisse, verbunden mit Personen, die gestorben sind. Besprechen Sie mit dem Kind, wie man die Erinnerung bildnerisch gestalten könnte und versuchen Sie dann gemeinsam diese Idee umzusetzen, wobei das Kind möglichst weitgehend eingeschaltet werden sollte. Versuchen Sie dann am Beispiel des gestalteten Bildes die Erinnerung des Kindes zu vertiefen. Dabei können folgende Fragen nützlich sein:

- Warum schafft gerade dieses Bild eine so gute Erinnerung?
- Woran denkst du noch, wenn du dieses Bild betrachtest?
- Was wirst du mit diesem Bilde machen?
- Derjenige/diejenige, dem/der dieses Bild gewidmet ist – was würde er/sie wohl davon halten?
- Wem möchtest du dieses Bild noch zeigen?
- Wer soll sich noch erinnern?

Versuchen Sie in den Gesprächen über dieses Bild den Gedanken zu festigen, dass Menschen und Tiere sterben, dass Ereignisse vorübergehen können, dass die Erinnerung an sie aber einen bleibenden Wert darstellt, der niemals vergeht.

**Siehe auch:**
- Für immer Teil von mir (S. 104)
- Das Buch der Erinnerungen (S. 101)
- Die Gedenkkerze (S. 102)

## Das Buch der Erinnerungen

**Alter:** 3 Jahre und älter

**Zielsetzung:** Das Spielen soll eine Hilfe sein, um Verlusterfahrungen einer geliebten Person, einem geliebten Tier durch die Erinnerung an gemeinsam verbrachte Zeiten und Ereignisse zu bearbeiten.

**Material:** Ein Schreibheft oder ein schmaler Ordner mit einzelnen gelochten Seiten und Farbstiften.

**Methode:** Sie schlagen dem Kind vor, ein spezielles Buch über die Person oder das Tier zu schreiben, das gestorben ist. Zuerst schreiben Sie auf einem losen Blatt Papier alle Erinnerungen auf, die das Kind an die Verstorbene hat. Es muss sich nicht nur um schöne und gute Erinnerungen handeln, obwohl für diesen Zweck die meisten der Erinnerungen, die bearbeitet werden sollen, gute Erinnerungen sind und das Kind wahrscheinlich auf diesen guten Erinnerungen aufbauen möchte. Dem Alter des Kindes entsprechend wird es sinnvoll sein, eine Beschreibung der Person niederzuschreiben, die gestorben ist. Sie können auch versuchen herauszufinden, was das Kind mit dieser Person gemeinsam hat und was sie voneinander trennen mag. Dann legen Sie mit dem Kind fest, in welcher Reihenfolge diese Dinge zur Sprache gebracht werden sollen. Die Reihenfolge kann eine chronologische sein, sie kann aber auch der Auswahl der Themen folgen oder einer anderen Ordnung, die das Kind vorschlägt. Dann schreiben Sie das Buch zusammen, wobei das Kind so viel wie irgend möglich aus eigener Verantwortung tun sollte – das schließt allerdings die Notwendigkeit ein, dass das Buch lesbar werden soll. Das Buch kann Fotos und Illustrationen enthalten, alte Fundstücke und Dokumente, wie: Eintrittskarten von Orten, die gemeinsam besucht worden sind und andere Erinnerungsstücke. Das Buch sollte mit den Gedanken schließen, dass Lebewesen vergänglich sind, dass sie aber in unseren Erinnerungen an sie lebendig bleiben.

**Siehe auch:**
- Es war eine schöne Zeit (S. 99)
- Für immer Teil von mir (S. 104)
- Die Gedenkkerze (S. 102)

## Die Gedenkkerze

**Alter:** 7 Jahre und älter

**Zielsetzung:** Das Spiel dient dazu, eine bestimmte Zeit zu reservieren, in der sich das Kind an Verstorbene erinnert und die Möglichkeit erhält, über sie zu sprechen und um sie zu trauern.

**Material:** 1 Wachskerze, die etwa 15 Minuten lang brennen wird. Wenn die Kerze sehr klein ist, sollte eine Ersatzkerze bereit gehalten werden, wenn das Kind länger für die Übung braucht. Wenn Sie nur eine große Kerze haben, sollte man die Stelle bezeichnen, an der die Kerze wieder ausgeblasen werden soll. Streichhölzer.

**Methode:** Sie führen ein, indem Sie erzählen, dass die Hinterbliebenen manchmal Kerzen in Kirchen anzünden, um an jemanden zu erinnern, der verstorben ist. Wenn man eine Kerze entzündet und sie brennen sieht, dann ist dies eine besondere Zeit, um sich an die Person zu erinnern, über die man sprechen möchte. Das Kind wird möglicherweise den Augenkontakt mit Ihnen vermeiden und sich auf die Kerze konzentrieren wollen. Sie werden sich einige Fragen überlegt haben, um dem Kind zu helfen, sich zu erinnern, aber fürchten Sie nicht das Schweigen und die Stille, sofern das Kind damit fertig wird. Fragen Sie Ihre Fragen in einer ruhigen und moderaten Weise, um das Vertrauen und die Konzentration des Kindes zu unterstützen.

Als Beispiele ein paar möglicherweise nützliche Fragen:

- Erinnerst du dich noch an Orte, wo ihr zusammen hingegangen seid?
- Was war die Farbe ihres Haares?
- Woran erinnerst du dich am stärksten?
- Hat sie dir jemals einen Witz erzählt?
- Mochte sie Tiere?

Wenn das Kind anfängt zu weinen, dann machen Sie ihm deutlich, dass das in Ordnung ist. Aber achten Sie darauf, dass es, auch wenn es weint, sich an etwas erinnert, das gut war. Wenn das Kind sehr aufgeregt wird und sich sehr unwohl fühlt, dann fragen Sie, ob es besser wäre, jetzt die Kerze auszublasen. Und wenn das Kind Ja sagt, dann tun Sie es sofort. Aber erklären Sie dem Kind, dass die meisten Menschen traurig sind, wenn sie an andere denken, die gestorben sind. Aber dass es trotzdem richtig ist, sich an sie zu erinnern und an sie zu denken. Sagen Sie dem Kind auch, dass viele Menschen, auch Kinder, sich schuldig fühlen, wenn nahe Bekannte gestorben sind, obwohl sie an ihrem Tode überhaupt keine Schuld hatten und sie auch überhaupt nichts hätten tun können, um ihr Leben zu verlängern.

Wenn Sie diese Zeit des Nachdenkens beendet haben, bringen Sie das Kind zurück in die Realität dieses Tages und ermutigen Sie es, abschließend über etwas zu sprechen, das in die Zukunft weist und auf das das Kind sich freut. Aber es mag sein, dass es eine Umarmung und einen Kuss von seiner Bezugsperson braucht, um die Beschäftigung mit diesem Thema abzuschließen.

**Siehe auch:**
- Es war eine schöne Zeit (S. 99)
- Für immer Teil von mir (S. 104)
- Das Buch der Erinnerungen (S. 101)

## Für immer Teil von mir

**Alter:** 8 Jahre und älter

**Zielsetzung:** Es ist Teil der Trauerarbeit, dem Kind bei dem Gedanken zu helfen, dass der Verstorbene Spuren hinterlassen hat, die das Leben des Kindes geprägt haben und die auf Dauer wirken werden.

**Material:** DIN A2-Papier, Farbstifte.

**Methode:** Sie schreiben den Namen des Verstorbenen unter die linke obere Ecke des Papiers. Sie füllen den freien Platz des Papieres mit Ausnahme der unteren rechten Ecke mit Worten, welche den Verstorbenen beschreiben. Mit den Sachen, die er am liebsten hatte, mit den Tätigkeiten, in denen er besonders gut war, was andere Leute an ihm besonders mochten, was seine Persönlichkeit ausmachte. Dann fragen Sie das Kind, von welchen dieser Aspekte, die auf dem Papier stehen, das Kind profitiert hat. Diese Aspekte umranden oder schraffieren Sie mit Farbe, dabei sprechen Sie mit dem Kind über jedes dieser Dinge. Dann bitten Sie das Kind, sich selber in die untere rechte Ecke zu zeichnen (S. 105). Danach bitten Sie das Kind, Linien oder Zeilen zwischen den Teilen der Persönlichkeit des Verstorbenen und der Zeichnung des Kindes zu ziehen. Wenn es sich anbietet, zeichnen Sie es so, dass der Eindruck entsteht, als würde das Kind an einer Strippe verschiedene Ballons halten, welche Eigenschaften, Tätigkeiten und Vorzüge des Verstorbenen enthalten. Sprechen Sie mit dem Kind darüber, wie der Verstorbene eine Menge Leute beeinflusst hat und dass alle diese Einflüsse auch das Kind beeinflusst haben. Diese Einflüsse werden bleiben, solange das Kind lebt, weil sie ein Teil seines Lebens geworden sind. Unser Beispiel zeigt, dass das Kind Rosen mag, Spiele im Fernsehen und Gartenarbeit. Das waren auch Vorlieben seiner Tante. Andere Charakteristika, welche sie beide gemeinsam hatten, waren langes braunes Haar, das Erzählen lustiger Geschichten und eine freundliche Art im Umgang mit anderen. Wir finden immer wieder, dass dieses Spiel auf eine ungezwungene Weise hin zur Diskussion anderer Aspekte im Leben des Kindes führt, die sich sehr von denen unterscheiden mögen, die zum Leben des Verstorbenen gehörten. Dies macht es möglich, der Sitzung mit dem Kind eine positive Note zu geben und einen Blick in die Zukunft zu werfen.

**Siehe auch:**
- Das Buch der Erinnerungen (S. 101)
- Die Gedenkkerze (S. 102)

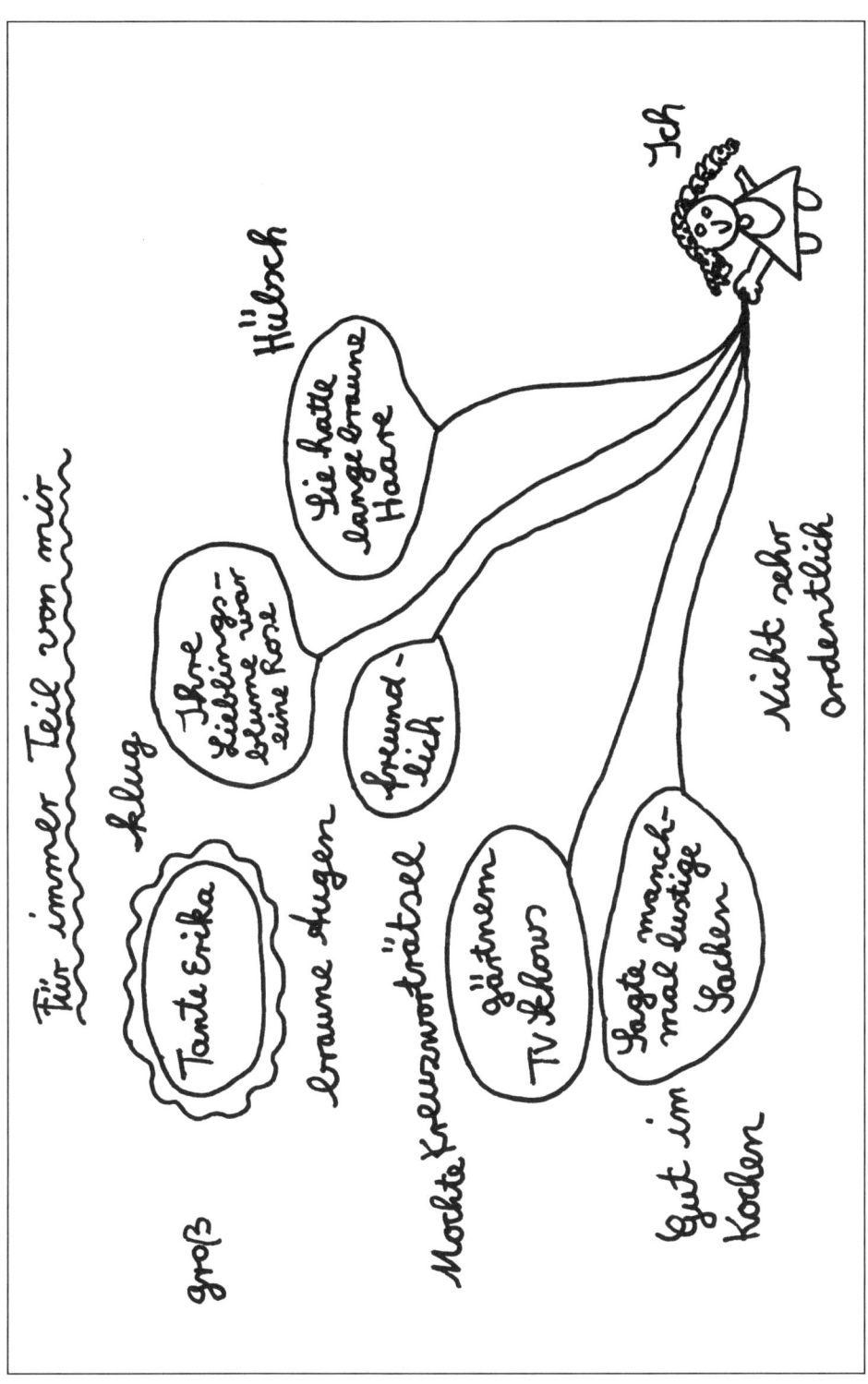

# Verständnis für meine Familie

Familien sind so komplizierte Systeme, dass es kaum überrascht, dass sie für manche Kinder völlig schleierhaft sind. Die folgenden Spiele sollen dem Therapeuten helfen, das Funktionieren der Familie zu verstehen und Kommunikation zwischen Familienmitgliedern zu erleichtern. Darin ist auch das Ziel eingeschlossen, jedem Familienmitglied zu helfen, auf neue Weise auf die Fähigkeiten und Fertigkeiten zu schauen, die in ihrer Familie ihren Platz haben. Aber allein schon die Tatsache, dass alle Familienmitglieder an einem Werk zusammenarbeiten, liefert eine gute Möglichkeit, die Familie als Einheit zu stärken.

## Male deine Familie, wie sie etwas gemeinsam tut

**Alter:** 3 bis 10 Jahre

**Zielsetzung:** Den Kontakt zum Kind erleichtern, eine Möglichkeit bereitstellen, durch die das Kind über sich und seine Familie in einer entspannten Weise reden kann, Informationen über das Kind, seine Familie und ihre unterschiedlichen Rollen zu erhalten.

**Material:** 2 Blatt DIN A4-Papier, Farbstifte.

**Methode:** Bitten Sie das Kind, eine Zeichnung der gesamten Familie anzufertigen, die irgendetwas gemeinsam tut. Wenn das Kind die Zeichnung beendet hat, bitten Sie es zu erklären, was auf dem Bild zu sehen ist. Versehen Sie das Bild mit einer Überschrift. Stellen Sie Fragen, die sich auf die Zeichnung beziehen, um ein paar zusätzliche Informationen über die Struktur und das Arrangement der Familie zu erhalten und im Hinblick auf die Weise, in der die Familie funktioniert. Wenn das Kind beispielsweise eine Familie gezeichnet hat, die zusammen zu Abend isst, dann kann so eine Frage lauten: »Jenny sitzt direkt neben Vati auf deinem Bild. Ist das immer so?«; »Auf dem Bild schaust du verdrießlich aus, hast du dich so gefühlt?«; »Vati hat auf deinem Bild ein großes Lächeln, wie fühlst du dich, wenn er lächelt?«; »Ihr esst doch alle Schnitzel und Pommes. Wer mag Schnitzel und Pommes von euch am liebsten?« Wenn das Kind antwortet, schreiben Sie den kurzen Text dieser Antwort unter das Bild, beispielsweise: »Jenny sitzt neben Papa, weil sie gern neben ihm sitzt. Ich sehe verdrossen aus, aber in Wirklichkeit suche ich nach Pfeffer und Salz. Vati lächelt und das macht mich immer sehr glücklich. Wir alle mögen Schnitzel und Pommes, aber Mutti macht manchmal Hähnchenschlegel und deshalb denke ich, sie mag Schnitzel nicht so wie ich es mag«. Es mag weise sein, manchmal nicht alles auf das Bild zu schreiben, was ein Kind geäußert hat, besonders wenn das Kind nicht möchte, dass Sie es niederschreiben. Aber vergessen Sie auf keinen Fall, das, was nicht niedergeschrieben werden soll, in Ihren Aufzeichnungen festzuhalten. Ehe Sie diese Übung beenden, fragen Sie das Kind, ob da noch etwas ist, was erwähnt werden sollte. Enden Sie mit einer positiven Geschichte und lassen Sie genügend Zeit, über etwas zu reden, auf das das Kind sich freut.

**Siehe auch:**
- Wer ist wer? (S. 108)
- Familienregeln (S. 110)

## Wer ist wer?

**Alter:** 3 Jahre und älter

**Zielsetzung:** Dieses Spiel soll dem Kind und dem Therapeuten helfen, die Struktur der Familie zu erforschen. Das ist besonders hilfreich, wenn die Zusammensetzung der Familie sehr komplex ist, beispielsweise wenn Pflegekinder, Stiefeltern oder -geschwister vorhanden sind.

**Material:** DIN A3- oder DIN A2-Papier oder dünner Karton, Farbstifte. Wenn möglich, sollte man auch Fotografien jedes Familienmitglieds verwenden, besonders mit jüngeren Kindern.

**Methode:** Bitten Sie das Kind, Ihnen helfen zu verstehen, wer wer in seiner Familie ist. Zeichnen Sie einen Familienbaum, der alle Angehörigen der Familie umfasst (S. 109). Das Kind findet es vielleicht leichter, mit einer Liste aller Familienmitglieder zu arbeiten und es mag auch den Wunsch haben, Lieblingstiere, Verstorbene, entfernte Verwandte usw. in den Baum einzuschließen. Das ist akzeptabel, weil wir an der Wahrnehmung der Familie durch unser Kind interessiert sind. Der Familienbaum sollte Menschen umfassen, welche das Kind mag und auch solche, die es nicht mag. Der Therapeut wird den Prozess unterstützen müssen, indem er vorschlägt, mit bestimmten Personen anzufangen, vor allem dann, wenn die Familie komplex ist. Es soll betont werden, dass entferntere Verwandte als zur Familie gehörig betrachtet werden können, wenn das Kind das wünscht. Wenn das Kind einen vollständigen Teil der Familie auslässt, beispielsweise Stiefgeschwister, sollte der Therapeut das vermerken, aber darauf dringen, dass sie in den Stammbaum aufgenommen werden – es sei denn, das Kind hat große Widerstände dagegen. In diesem Fall sollte man eventuell für diese Familienmitglieder einen separaten Familienbaum zeichnen. Wenn alle Familienmitglieder auf dem Papier stehen, kann man das Kind bitten, jedes einzelne Familienmitglied zu beschreiben und zu sagen, welche Gefühle man ihm gegenüber habe. Das Kind mag auch den Wunsch haben, gemeinsame Familiengefühle auf dem Bild zu verewigen wie in unserem Illustrationsbeispiel.

**Siehe auch:**
- Familienregeln (S. 110)

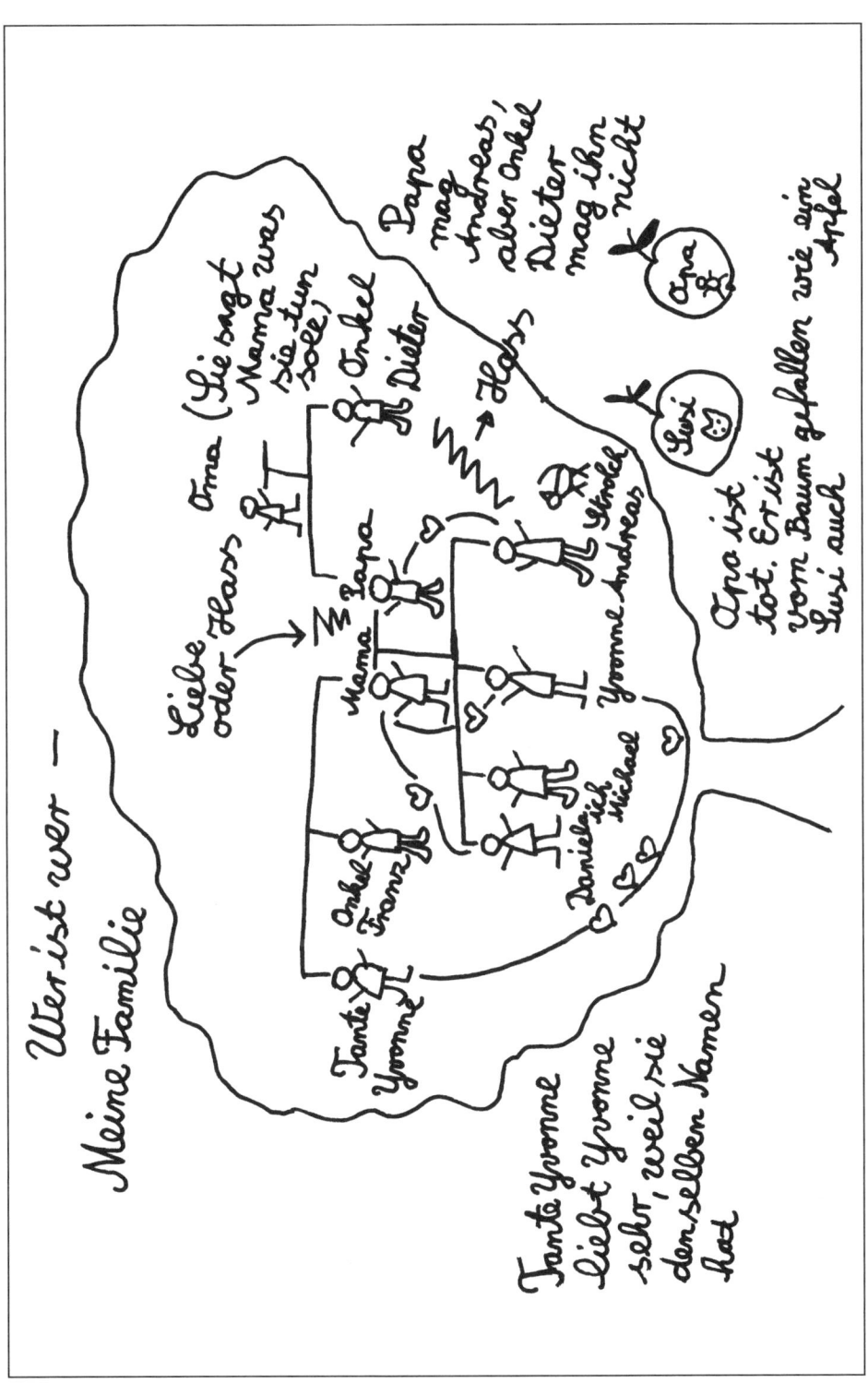

## Familienregeln

**Alter:** 3 Jahre und älter

**Zielsetzung:** Um einen Kern familialer Regeln festzuhalten, über die sich alle Familienmitglieder einig sind. Dabei sollten alle Beteiligten anwesend sein.

**Material:** DIN A4-Papier und Bleistift. Man kann auch auf einer Schiefertafel zeichnen, muss es aber dann auf Papier übertragen.

**Methode:** Beginnen Sie das Gespräch damit, dass Sie erzählen, es gäbe die Notwendigkeit einiger gemeinsamer Familienregeln, die die Familie unterstützen sollen, zusammenzuarbeiten und sich gegenseitig zu helfen. Wenn ältere Kinder über 8 Jahre beteiligt sind, erklären Sie, wie Familienregeln positiv ausgedrückt formuliert werden können, sodass sie sich eher auf das beziehen, was man tun sollte und nicht auf das, was man nicht tun sollte. Jüngere Kinder hingegen brauchen eher/möglicherweise klare Regeln mit einem »Nein« – beispielsweise, »nicht beißen«. Fragen Sie die Familie ganz allgemein, welche Regeln gemeinhin als Familienregeln angesehen und verwendet werden und geben Sie Feed-back im Hinblick auf ihre Angemessenheit. Achten Sie dabei darauf, dass Sie positiv auf die Beiträge jedes Familienmitglieds reagieren. Wenn die Familie ein Verständnis dafür entwickelt hat, was mit einer positiven Familienregel gemeint ist, schreiben Sie als Überschrift auf ein großes Blatt Papier: »Familienregeln«. Bitten Sie jedes Familienmitglied eine Regel beizutragen, eine Regel, die auf jedes Familienmitglied zutrifft und für jedes Familienmitglied relevant ist. Ehe Sie eine solche Regel niederschreiben, erreichen Sie den Konsens der Familie über die Formulierung und die Bedeutung dieser Regel. Wenn junge Kinder anwesend sind, werden sie den Wunsch haben, eigene Regeln hinzuzufügen. Wenn sie Regeln erfinden, die unangemessen erscheinen, so helfen Sie ihnen, im Spiel zu bleiben, indem Sie diese Regeln so allgemein formulieren, dass die ganze Familie zustimmen kann und schreiben Sie sie nieder, als ob sie ein Vorschlag der jüngeren Kinder gewesen seien.

Wenn Sie sie niederschreiben, stellen Sie bitte sicher, dass Sie so spezifisch wie nur irgend möglich formulieren, damit später zu Hause kein Streit unter den Familienmitgliedern entsteht. Wenn Sie von jedem in der Familie eine Regel niedergeschrieben haben, fragen Sie › ob das jetzt ausreicht. Abhängig von der Größe der Familie mögen Sie das Gefühl haben, dass noch Regeln hinzuzufügen seien. Aber achten Sie darauf, dass die Regeln auf fünf oder sechs beschränkt werden. Wenn jüngere Schüler oder schreibunkundige Eltern dabei sind, versuchen Sie ein bildliches Symbol jeder Regel zu erfinden. Wenn die Regeln abgeschlossen sind, präsentieren Sie sie der Familie als Ganzes. Die einzelnen Familienmitglieder werden vielleicht den Wunsch haben, ihren Namen unter eine Erklärung zu setzen, die etwa lauten könnte: »Wir sind einig darüber, dass dies unsere Familienregeln sind«.

Danach, aber noch während dieser Sitzung, sprechen Sie mit den Bezugspersonen allein über Konsequenzen beim Einhalten und beim Missachten dieser Regeln. Sie sollten sicherstellen, dass die Bezugspersonen einheitlich diesen Regeln folgen und die Kinder belohnen, wenn sie es ebenfalls tun. Wenn Kinder gegen die Regeln verstoßen, sollten sie auf die Regeln hingewiesen werden, wenn ein Kind permanent gegen eine Regel verstößt, sollte mit ihm eine Konsequenz ausgehandelt werden, die nicht zu streng sein sollte, aber die dennoch einen Denkzettel darstellt/Wirkung hat/zeigt. Wenn die Familie über ein wirksames Belohnungsinstrumentarium verfügt, dann ist allerdings allein schon das Ausbleiben der Belohnung eine hinreichende Strafe.

Es ist wichtig, dass der Therapeut den Bezugspersonen erklärt, dass Regeln von Zeit zu Zeit gebrochen werden und dass dies keine Katastrophe darstellt. Es kann sich vielmehr um einen Fehler im System handeln. Beispielsweise ist die Regel möglicherweise zu rigide, vielleicht bedarf ein Kind eines größeren Maßes an Beaufsichtigung oder vielleicht ist die Belohnung für die Regelbeachtung unangemessen. Bezugspersonen müssen auch verstehen, dass die Regeln für sie genauso gelten wie für die Kinder.

**Siehe auch:**
- 51 Wege zum Lob (S. 112)

## 51 Wege zum Lob

**Alter:** 3 Jahre und älter, einschließlich Erwachsenen

**Zielsetzung:** Das Spiel soll Eltern helfen, positive Wertschätzungen verbal zu äußern. Dies kann besonders bedeutsam werden, wenn eine Familie in einem Zyklus negativer Interaktionen wie in einer Falle gefangen ist. Es kann zeigen, dass es viele Möglichkeiten gibt, Kinder zu loben – und dass sie nicht einfach nur Wiederholungen sind, die manchmal peinlich wirken. Und dass es viele Möglichkeiten gibt, ein Kind persönlich und gleichzeitig mit großem Nachdruck zu loben.

**Material:** Farbstifte, DIN A3-Papier oder verschiedene kleinere Bögen, die aneinander geklebt werden.

Wenn die Familie versammelt ist, bitte man sie, möglichst viele Variationen zu formulieren, wie man sagen könnte: »Das hast du gut gemacht«. 51 Möglichkeiten sollten es sein. Alle diese unterschiedlichen Vorschläge werden auf einem großen Blatt Papier aufgeschrieben oder aber auf vielen kleinen Papierschnipseln, die dann zusammengeklebt werden. Man sollte versuchen, diese Zusammenstellung interessant zu gestalten, indem man beispielsweise einzelne Begriffe einkreist, indem man unterschiedliche Schrifttypen verwendet und indem man unterschiedliche Farben benutzt. Diese Zusammenstellung wird vor allem dann ihre Wirkung nicht verfehlen, wenn man jeden neuen Vorschlag positiv und empathisch aufnimmt und aufschreibt. Diese »51 Wege zum Lob« können mit nach Hause genommen werden. Sie sollten an einem ins Auge fallenden Ort aufgehängt werden, um alle Familienmitglieder daran zu erinnern, auf welche unterschiedliche Weise Menschen gelobt werden können. Regen Sie die Familienmitglieder an, auf einer Liste festzuhalten, wie häufig sie selber gehört haben, dass ein Familienmitglied ein anderes Familienmitglied auf eine solche Weise gelobt hat.

51 verschiedene Varianten mögen sehr viel erscheinen, können aber eine gute Anzahl sein, vorausgesetzt, die Familie erreicht das Ziel und erlebt dadurch eine angenehme Überraschung. Wir haben dieses Spiel häufig gespielt und haben immer wieder festgestellt, dass man einer Familie helfen muss, wenn sie stecken bleibt. Dazu haben wir eine eigene Liste angefertigt, die wir dann zu Hilfe nehmen (s. S. 113). Andere Familien dagegen haben keine Schwierigkeiten, es bis auf 101 Varianten zu bringen. Wenn eine Familie in ihrer verbalen Ausdrucksweise nicht besonders elaboriert ist, kann man die Anzahl auch verkleinern, damit keine Misserfolgserlebnisse auftauchen. Man kann im Prinzip bis auf 10 Varianten heruntergehen. Bei jeder neuen Sitzung der Familienmitglieder kann die Liste erweitert werden. Dieses Spiel ist vor allem dann empfehlenswert, wenn die Kinder in der Familie alt genug sind, um positive Rückmeldung an ihre Bezugspersonen zu geben.

**51 Wege zum Lob**

*Gut gemacht*     SPITZE     <u>Fantastisch</u>
Du bist wirklich clever     Wunderbar
<u>Das hat mich beeindruckt</u>     **Das passt gut zu dir**
*Du bist ein Star*     Diesen Tag finde ich unvergesslich
Du bist in Ordnung     **Ich bin stolz auf dich**
**SCHÖN**     Du gehörst zu mir
*Ich wusste, dass du es schaffen würdest*
<u>Du bist ein Schatz</u>     ***Brilliant, du bist jetzt an der Spitze***
Wunderbare Arbeit     <u>Du hast mich überholt</u>
*Das ist toll*     **WOW**
<u>Super</u>     Du hast mich wirklich beeindruckt
*Du hast dir eine Auszeichnung verdient*
**Toll**     WAHNSINN     <u>Erste Sahne</u>
Du hast wirklich hart dafür gearbeitet
**Ausgezeichnet**     *Ich finde es toll, wie du es gemacht hast*
Ich finde, du bist darin wirklich gut
<u>Unglaublich</u>     ***Was für ein Fortschritt***
Ich bin so froh darüber     <u>Jeder wird stolz auf dich sein</u>
**Du wirst das wirklich genießen**     *Ausgezeichnet*
ERSTE KLASSE     Wunderbar
***Das hast du wirklich gut gemacht***
Das ist ja nicht von dieser Welt     <u>Sensationell</u>
**SUPER**     Wundervoll     *Ein kreativer Einfall*
Glänzend     ***Außergewöhnlich***     COOL
<u>Ich zieh vor dir den Hut</u>     Geil.

*Variante: Ein Tagebuch des Lobes*

In Familien, die Schwierigkeiten haben, sich gegenseitig positive Rückmeldungen zu geben, kann dieses Spiel der »51 Wege zum Lob« dazu benutzt werden, um Eltern anzuregen, für sich in einem Tagebuch festzuhalten, welche Formen des Lobes sie benutzen und wie oft in der Woche sie davon Gebrauch machen.

**Siehe auch:**
- Familienregeln (S. 110)

## Familienfragen

**Alter:** 4 Jahre und älter, einschließlich Erwachsenen

**Zielsetzung:** Das Spiel soll das Verständnis unterschiedlicher familialer Rollen und Systeme auf eine nicht belastende Weise verstärken. Das Spiel kann mit einem einzelnen Kind gespielt werden, mit einem Kind und einem Elternteil oder mit der ganzen Familie.

**Material:** Verschiedene Fragen werden auf einzelne Spielkarten aufgeschrieben. Für die zweite Variation braucht man einen Hut, aus dem die Karten gezogen werden.

**Methode:** Sie haben eine Liste von Fragen gesammelt, die sich auf das Familienleben beziehen. Jede dieser Fragen ist auf einer Spielkarte aufgeschrieben. Anregungen finden Sie in dem folgenden Kasten. Die Fragen werden möglicherweise an den Wortschatz des Kindes und die Wörterebene der Familie und ihrer Lebensumstände angepasst werden müssen. Zusätzliche Fragen, die sich auf das Familienleben beziehen, werden hinzugefügt werden müssen. Sie stellen einzelne Fragen und ermutigen das Kind, die Liste der Fragen zu erweitern. Am besten enden Sie mit einer witzigen Frage, die dem Spiel seine Schwere nimmt – beispielsweise: »Wer trägt die lustigsten Socken«?

---

**Vorschläge für mögliche Fragen**

- Wer in deiner/in eurer Familie liest am meisten?
- Wer mag Tiere am liebsten?
- Wer hilft dir, wenn du traurig bist?
- Wer drückt dich besonders fest?
- Wer weiß am meisten über Autos?
- Wer ist der Stärkste?
- Wer in der Familie steht als Erster morgens auf?
- Wer erzählt die lustigsten Geschichten?
- Wer kümmert sich am meisten um sein Haar?
- Wer ist am sportlichsten?
- Wer putzt sich seine Zähne morgens am längsten?
- Wer macht sich sein Bett am Morgen selber?
- Wer bringt dich am schnellsten zum Lachen?
- Wer trägt die lustigsten Socken?
- Wer bäckt den besten Kuchen?
- Wer wird am schnellsten ärgerlich?
- Wer trägt die schicksten Kleider?
- Wer sitzt am längsten vor dem Fernsehgerät?
- Wer ist bei euch am meisten kitzelig?

*Variante: Alles aus einem Hut*

Wenn Sie mit einem Kind allein sind, können Sie die Fragen auf den Fragekarten in einen Hut werfen und sie dann abwechselnd mit dem Kind aus dem Hut herausziehen und beantworten. Da Sie selber die Familie nicht so gut kennen, können Sie Ihre Antwort in Form einer Frage kleiden und das Kind wird dann die Antwort auf Grund seiner besseren Kenntnis der eigenen Familie korrigieren. Wenn das Kind auf einige Fragen keine konkrete Antwort weiß, dann kann es sich lohnen, die Frage niederzuschreiben. Das Kind kann dann versuchen, die Antwort bei anderen Familienmitgliedern, vorzugsweise bei den Eltern, zu finden.

**Siehe auch:**
- Wer ist wer? (S. 108)

# Positive Selbstwertschätzung

Kinder mit einem unterentwickelten Selbstwertgefühl haben in der Schule und im Elternhaus Misserfolgserlebnisse. Therapeutische Anstrengungen gehen oftmals ins Leere, weil das Kind eine geringe Meinung von sich selbst hat und auch möglicherweise wenig Anstrengungen unternimmt, dies zu ändern. Die Angst vor erneuten Misserfolgserlebnissen ist groß. Um dieses negative Muster umzukehren, muss man selbst kleine Anzeichen erfolgreichen Handelns beim Kind aufgreifen und zur Sprache bringen. Diese Strategie kann helfen, die geringe Meinung des Kindes über sich selbst umzukehren bis zu dem Punkt, wo andere Maßnahmen greifen und positive Wirkungen erzielen können. Bei dieser Strategie ist es von erheblicher Bedeutung, den Anfangserfolg wahrzunehmen, welcher die Basis für ein wachsendes Selbstvertrauen ist.

Diese Spiele werden zwar mit dem Kind gespielt, aber sie sind nur erfolgreich, wenn die Bezugspersonen oder die ganze Familie an ihnen beteiligt ist, um zu verhindern, dass die Familie den Prozess sabotiert. Die vorgeschlagenen Aktivitäten sind in der Regel nicht angemessen, wenn es sich um Fälle schwerer Depression handelt oder wenn es sich um Kinder handelt, die dauerhaft missbraucht worden sind und weiter missbraucht werden.

## Gute Nachrichten über mich

**Alter:** 4 bis 12 Jahre

**Zielsetzung:** Das Spiel dient der Unterstützung eines positiven Selbstwertgefühles und anderer positiver Aspekte des Kindes. Das Spiel eignet sich auch gut dazu, einen ersten und positiven Kontakt zu einem Kind herzustellen, das Ihnen noch fremd ist.

**Material:** DIN A4-Papier (bunt), dazu passende Farbstifte oder Bleistifte.

**Methode:** Das Kind schreibt seinen Namen als Überschrift auf die Seite im Querformat. Dann helfen Sie dem Kind, die Seite in sechs Spalten einzuteilen. Als Überschrift auf jede der Spalten schreiben Sie oder bitten das Kind es zu tun, verschiedene Bereiche seines Lebens: »Zu Hause«, »Bei meinem Vater« (wenn die Eltern getrennt sind), »In der Schule«, »Im Hockey-Klub«, »Im Musikunterricht«, »Mit meinen Freunden«. Unter jeder Überschrift muss Zwischenraum für mindestens einen Satz bleiben, dann bitten Sie das Kind, eine erwähnenswert gute Sache zu nennen, die zu dem jeweiligen Aspekt seines Lebens paßt. Helfen Sie ihm dabei, diesen Aspekt auf eine Weise zu formulieren, die ein positives Merkmal des Kindes herausstellt. Wenn das Kind beispielsweise sagt: »Meine Mutter lässt mich spielen gehen, wenn ich das Geschirr abgewaschen habe«, dann versuchen Sie, dem Kind zu helfen, diesen Satz so zu formulieren und aufzuschreiben, dass er etwa lauten kann: »Ich kann mich zu Hause häufig nützlich machen. Beispielsweise wasche ich ab, und meine Mutter lässt mich dann spielen gehen«. Wenn die sechs Sätze zu den sechs verschiedenen Bereichen des Lebens des Kindes aufgeschrieben sind, gehen Sie diese noch einmal durch und versuchen Sie das Bewusstsein des Kindes zu verstärken, dass es sich hier tatsächlich um einmalige Fertigkeiten und Leistungen handelt.

*Variante: Ich bin ein Gewinner*

Das ist eine Modifikation des Spieles »Meine Welt« (s. S. 24). Hier liegt allerdings der Nachdruck auf den positiven Aspekten. Bitten Sie das Kind, seinen Namen als Überschrift auf ein Blatt Papier zu schreiben. Dann bitten Sie es, die Dinge aufzuschreiben, die es kann, die es mag, wofür sie gut sind, alles was es an ihrer Erscheinungsweise mag usw. Wenn das Kind nicht weiter weiß, dann füllen Sie die Seite mit Eigenschaften, Dingen und Handlungsweisen, die Sie an dem Kind gut finden. Am Ende sprechen Sie beide gemeinsam über die vielen guten Sachen, die man über das Kind sagen und schreiben kann und über deren Einmaligkeit.

**Siehe auch:**
- Glücklich, traurig und sauer (S. 30)
- Was ich glaube (S. 121)
- Meine Welt (S. 24)

## Jedes Ding hat eine gute Seite

**Alter:** 12 Jahre und älter

**Zielsetzung:** Bei diesem Spiel geht es darum, die kognitive Fertigkeit des Kindes zu schulen, negative Gedanken in positive Einschätzungen zu verwandeln.
Das Spiel kann gespielt werden, wenn Sie herausgefunden haben, dass das Kind über sich selber negative Gedanken äußert, beispielsweise in seinem Tagebuch.

**Material:** Weiße Spielkarten, dazu ein schwarzer oder dunkelblauer Filzstift und ein Silberstift oder ein gelber Filzstift.

**Methode:** Sie sprechen mit dem Kind einleitend darüber, dass es immer mehr als eine Weise gibt, um einen Gegenstand oder eine Situation zu betrachten. Sie können beispielsweise in einem Rollenspiel über einen Elternabend in der Schule deutlich machen, dass es den Blickwinkel des Lehrers gibt, des Kindes und der Mutter oder des Vaters, die an dem Elternabend teilnehmen. Nehmen wir ein anderes Beispiel: Das Kind steht in einer Schlange und wartet in der Cafeteria der Gesamtschule auf sein Mittagessen. Dabei wird es geschubst. Was könnte das bedeuten?

1) Das Kind, das es geschubst hat, ist seinerseits geschubst worden;
2) das Kind, das geschubst hat, will sich dazwischen drängeln;
3) das Kind ist einfach aus dem Gleichgewicht geraten;
4) es will auf eine, zugegeben ungeschickte Weise, Kontakt aufnehmen.

Dieses Rollenspiel führt zu der Überlegung, dass Ereignisse auf unterschiedliche Weise interpretiert werden könnten; u.a. auch in einem positiven und in einem negativen Licht, und dass deshalb auch die negativen Gedanken des Kindes in einem positiven Licht neu interpretiert werden können.

Sie können jetzt weiße Spielkarten nehmen und negative Gedanken oder Einschätzungen des Kindes über sich selbst mit einem schwarzen oder dunkelblauen Filzer auf die Vorderseite einer jeden Spielkarte schreiben. Schreiben Sie maximal 6–8 Begriffe auf. Auf der Rückseite versuchen Sie dann mit dem Kind jeweils positive Varianten dieser negativen Gefühle oder Einschätzungen zu finden und zu fixieren. Diese positiven Gefühle sollten Sie mit einem gelben Filzer schreiben und mit einer silbernen Linie umgeben. Dahinter steht der Gedanke, dass jedes Problem auch als eine Möglichkeit für neue Chancen gesehen werden kann, die darauf warten, entdeckt zu werden.

Als Hausaufgabe können Sie dem Kind ein paar weiße Spielkarten mit nach Hause geben und es bitten, neue »negative« Gedanken einzufangen und zu versuchen, auf der Rückseite eine positive Neuformulierung dieser Gedanken in gelber Schrift und mit silbernem Rahmen aufzuzeichnen.

**Siehe auch:**
- Klarer Kopf (S. 85)
- Selbstgespräch (S. 93)

## Was ich glaube

**Alter:** 12 Jahre und älter

**Zielsetzung:** Dieses Spiel soll helfen, die Identität des Kindes aufzubauen und zu stärken. Das Spiel ist besonders hilfreich, wenn Kinder den Überblick darüber verloren haben, wer sie sind, beispielsweise beim Wechseln mehrerer Pflegeverhältnisse, nach erfolgtem Missbrauch in der eigenen Familie oder nach dem plötzlichen Tod einer Bezugsperson.

**Material:** DIN A4-Papier, Farbstifte, dünner Karton und Papierschere.

**Methode:** Es handelt sich um eine Art Wortergänzungsspiel. Jeder Satz beginnt mit »Ich glaube, …«. Das Kind kann möglicherweise schon selber eine Reihe von Sätzen aufschreiben, bei anderen hingegen bedarf es Ihrer Mithilfe, um neue Themengebiete zu erschließen. Für Anregungen betrachten Sie bitte den folgenden Kasten.

---

**Ich glaube, …**

- meine Stärken sind …
- meine Schwächen sind …
- Eltern sind …
- Familien sind ganz allgemein …
- meine Familie ist …
- meine Brüder sind …
- meine Schwestern sind …
- Schule ist …
- die Umwelt ist …
- meine Religion ist …
- mein Heimatland ist …
- Geld ist …
- Erziehung ist …
- Arbeit ist …
- Tiere sind …
- die Zukunft ist …

---

Besprechen Sie die Glaubenssätze des Kindes und bemühen Sie sich dabei, selber nicht wertend zu sein. Helfen Sie dem Kind zu verstehen, dass seine Glaubenssätze das ausmachen, was das Kind tatsächlich auch ist und dass jeder Mann und jede Frau das Recht auf unterschiedliche Glaubenssätze hat.

**Variante:** Für Kinder, die Schwierigkeiten mit ihrem Identitätsgefühl haben, empfiehlt es sich, das Spiel »Ich glaube, …« bis zum Ende zu spielen und das Kind dann zu fragen, welche Glaubenssätze die wichtigsten für es sind. Jeden dieser wichtigsten Glaubenssätze schreiben Sie auf einen schmalen Streifen Karton, den es immer mit sich tragen kann und der diese wichtigen Glaubenssätze dauerhaft im Gedächtnis hält und an sie erinnern lässt.

**Siehe auch:**
- Was ich erreicht habe (S. 125)
- Ich habe es selbst in der Hand (S. 95)
- Gute Nachrichten über mich (S. 117)
- Meine Welt (S. 24)
- Satzergänzung (S. 29)
- Das war's bis jetzt (S. 130)

## Was ich mir erlaube

**Alter:** 12 Jahre und älter

**Zielsetzung:** Das Spiel soll helfen, Selbstkritik zu vermindern und Mut zu unterstützen.

**Material:** DIN A4-Papier, Bleistift, Karten für die Variante.

**Methode:** Sie sprechen mit dem Kind über Selbstkritik und darüber, dass niemand perfekt ist, aber jeder den Mut und die Chance hat, sich zu ändern. Jeder kann sich selber erlauben, die Person zu werden, die er zu werden wünscht. Sich selbst zu lieben kann dabei helfen. Besprechen Sie mit dem Kind, an welchen Teilen seines Gefühlslebens es arbeiten will und entwickeln Sie eine Reihe von Erlaubnissen. Der Kasten gibt Ihnen ein paar Beispiele.

---

**Erlaubnisse**

- Es ist in Ordnung, wenn ich in der Schulklasse meine Meinung sage.
- Es ist in Ordnung, wenn ich Fehler mache.
- Es ist in Ordnung, wenn ich der Beste in meiner Klasse bin.
- Es ist in Ordnung, wenn ich mir jede Woche ein Schaumbad genehmige.
- Es ist in Ordnung, wenn ich einmal in der Woche etwas Süßes esse.

---

Schreiben Sie diese Erlaubnisse auf und sprechen Sie über jedes einzelne, damit das Kind den rationalen Grund, der dahinter steht, erkennen kann. Es soll hoffnungsvollerweise daran glauben, dass es das Recht hat, diesen aufgeschriebenen Erlaubnissen zu folgen. Das Kind soll die Liste der Erlaubnisse mit nach Hause nehmen, damit es immer daran erinnert werden kann.

*Variante: Die Kraft von Erlaubnissen*

Erlaubnisse können auf Papierstreifen oder Kartonstreifen geschrieben werden und man kann sie mit sich tragen, damit sie einem im Alltag Stärke verleihen. Das Kind kann sie als Erinnerung benutzen und kann auf sie blicken, wenn sie beispielsweise auf das Lineal, das Federhalter-Etui oder ein Schulheft aufgeklebt werden. Das sollte aber möglichst unauffällig geschehen, damit das Kind nicht peinlich berührt wird, wenn andere Kinder das Etikett sehen.

**Siehe auch:**
- Ich habe es selbst in der Hand (S. 95)
- Gute Nachrichten über mich (S. 117)
- Was ich glaube (S. 121)
- Jedes Ding hat eine gute Seite (S. 119)
- Selbstgespräch (S. 93)

# Wie man Erfolge misst

Wenn Sie ans Ende Ihrer therapeutischen Sitzungen mit dem Kind kommen, ist es von Bedeutung, die Arbeit noch einmal zu überblicken, die Sie gemeinsam geleistet haben. Aber es wäre sehr langweilig und ermüdend, wenn Sie jedes einzelne Detail noch einmal wiederholen würden. Sie sollten deshalb eine der Übungen benutzen, die wir in diesem letzten Kapitel aufgeführt haben. Die Spiele helfen Ihnen, die Veränderungen zu benennen, die stattgefunden haben und das eine oder andere Thema herauszuarbeiten, für das noch zusätzliche Arbeit erforderlich ist. Der Rückblick markiert den Anfang vom Ende Ihrer therapeutischen Sitzungen. Es ist deswegen wichtig, dass das Kind für die Fortschritte, die es gemacht hat, gelobt wird und dass es das Ende der gemeinsamen Sitzungen nicht als eine Bestrafung erlebt. Deshalb wäre es jetzt auch an der Zeit, weitere Sitzungen in größeren Abschnitten zu thematisieren, wenn sie ins Auge gefasst werden sollen.

## Was ich erreicht habe

**Alter:** 5 Jahre und älter

**Zielsetzung:** Es geht in diesem Spiel darum, positive Leistungen zu unterstreichen und die Selbstachtung und Zuversicht des Kindes zu unterstützen.

**Material:** DIN A3- oder DIN A4-Papier, Bleistifte, Klebesterne.

**Methode:** Bitten Sie das Kind, seinen Namen in die Mitte eines Blattes Papier zu schreiben, umgeben Sie diesen Namen mit den besten Leistungen, die Sie im Laufe der Zeit wahrgenommen haben. Wenn das Kind eine andere Meinung von seinen Leistungen hat, machen Sie bitte eine Liste der Dinge, die dem Kind und Ihnen gemeinsam eingefallen sind. »Wobei ich gut bin …; Preise, die ich mir verdient habe …; Was ich in den Sitzungen gelernt habe …; Situationen, in denen mein Lehrer mit mir zufrieden war …; usw.«

Das Kind kann dieses Blatt illustrieren, wenn es möchte. Auf jeden Fall sollte ein Gespräch über die Leistungen folgen, die auf der Liste stehen und die das Kind zuversichtlich und stolz machen sollen und an seine Anstrengungen glauben lassen. Wenn

Sie über jedes einzelne dieser Errungenschaften sprechen, kleben Sie bitte anschließend einen Stern hinter das Wort oder den Satz. Bitten Sie das Kind oder seine Bezugsperson, diese Liste der Errungenschaften zu Hause an sichtbarer Stelle an die Wand zu heften.

**Siehe auch:**
- Was ich glaube (S. 121)
- Vergangenheit, Gegenwart, Zukunft (S. 127)
- Satzergänzung (S. 29)
- Das war's bis jetzt (S. 130)

## Vergangenheit, Gegenwart, Zukunft

**Alter:** 8 Jahre und älter

**Zielsetzung:** Das Spiel soll die Überzeugung des Kindes festigen, dass es sich entwickelt hat und weiter entwickeln wird. Das Spiel soll den erzielten Fortschritt verdeutlichen.

**Material:** DIN A4-Papier und Bleistift.

**Methode:** Das ist ein einfaches Schreibspiel, das verschiedene Aspekte im Leben eines Kindes hintereinander aufführt. Schreiben Sie die Überschrift: »Mein Leben« oder wenn es sich schon um ein spezielleres Training handelt, benutzen Sie als Überschrift die spezielle Aktivität, im Hinblick auf die Sie Ihr Training und Ihre Spiele ausgerichtet haben. Teilen Sie das Papier im Querformat in vier Spalten. Die erste Spalte erhält noch keine Überschrift, die anderen drei Spalten erhalten die Überschrift »Vergangenheit«, »Gegenwart«, »Zukunft« oder wenn das Kind das lieber mag, »damals«, »heute«, »später«. Suchen Sie wichtige Aspekte im Leben des Kindes heraus, beispielsweise, »Wie du dich verhalten hast« und zeigen Sie, wie man die Entwicklung in der ersten Spalte zusammenfassen kann. Besprechen Sie mit dem Kind, wie es sich im Hinblick auf diesen Aspekt zwischen Vergangenheit und Gegenwart entwickelt hat und wie es sich weiter entwickeln möchte. Die dritte Spalte sollte also die realistischen Hoffnungen und Wünsche des Kindes festhalten. Andere mögliche Aspekte könnten sein:

- Meine Freunde
- Mein Verhalten
- Meine Erziehung
- Wie ich Spaß haben möchte
- Wenn ich ärgerlich bin
- Wenn ich glücklich bin
- Mein Taschengeld
- Wie ich lebe
- Meine Lieblingsmusik
- Meine Leistungen in der Schule
- Meine Gewohnheiten

Das Ziel dieses Spieles ist es, dem Kind bei der Erkenntnis zu helfen, dass sein Leben sich entwickelt und verbessert hat und dass es sich lohnt, immer mehr Einzelheiten zu finden, in denen es erfolgreich ist und keine Fehlschläge mehr erleidet. Wenn es für die Spalte »Gegenwart« oder »Vergangenheit« keine Einträge hat, so ermutigen Sie es, etwas Positives für die dritte Spalte »Zukunft« zu finden. Besprechen Sie auch die Möglichkeiten, wie das Kind sich schrittweise diesen Zielen nähern kann.

*Variante: Mein Lebensweg*

Für Kinder, die künstlerische Fähigkeiten gezeigt haben und in Analogien denken können, kann das Spiel mit der Vergangenheit, der Gegenwart und der Zukunft in einen Fußweg des Lebens verwandelt werden, so, wie es sich bis jetzt dargestellt hat und wie es sich künftig in eine viel versprechende Wiese entfaltet. Das Kind kann diesen verschlungenen Fußweg mit kurzen Beschreibungen versehen, wie sich die Dinge entwickelt haben, es kann Stolpersteine in den Weg streuen, die für Schwierigkeiten stehen, die zu überwinden waren. Es kann Blumen an bestimmten Stellen platzieren, um freudige Überraschungen zu markieren usw.

Die offene Wiese der Zukunft kann mit Plänen versehen werden, die sich auf die Zukunft beziehen und vielleicht wölbt sich ein Regenbogen der Hoffnung über diese zukünftige Entwicklung.

Nach unseren Erfahrungen sind Kinder sehr hoch motiviert, dieses Spiel zu spielen und viele genießen es vor allen Dingen, die Wiese der Zukunft zu bevölkern. Nähere Einzelheiten finden Sie in unserer Illustration (S. 129).

**Siehe auch:**
- Ich habe es selbst in der Hand (S. 95)
- Das war's bis jetzt (S. 130)

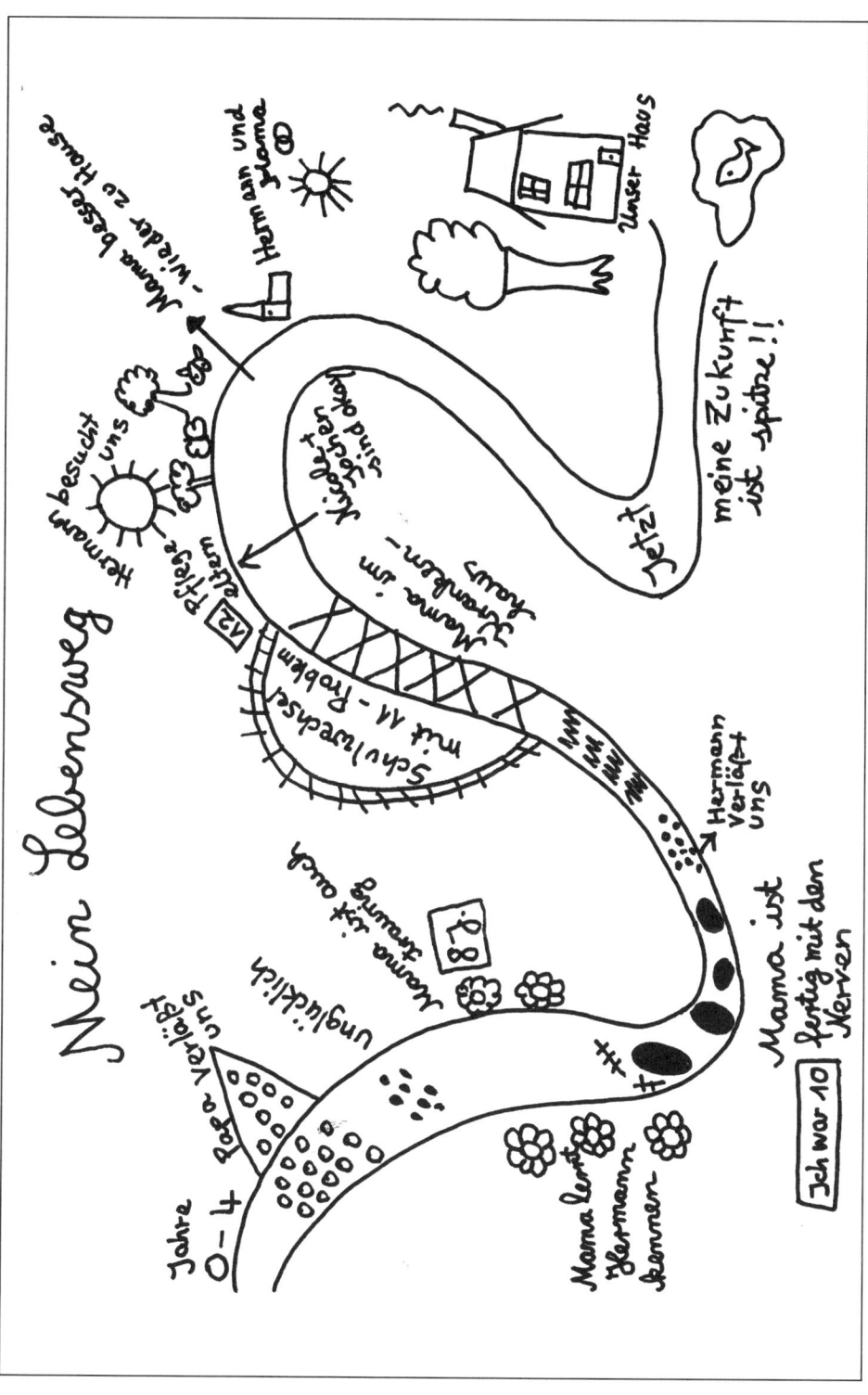

## Das war's bis jetzt

**Alter:** 8 Jahre und älter

**Zielsetzung:** Es geht jetzt darum, eine Zusammenstellung von Erfolgen und Verlusten zu machen. Dies ist ein Spiel, das besonders für jene Kinder von Bedeutung ist, die mit großen Schwierigkeiten in ihrem bisherigen Leben zu kämpfen hatten.

**Material:** Ein Schnellhefter, DIN A4-Blätter, Bleistifte, Fotos und Klebstoff.

**Methode:** Im Prinzip ist diese Aktivität darauf gerichtet, all die bisher gemachte Arbeit mit der Therapeutin zusammenzufassen. Diese Zusammenfassung kann in einer Variation weiterentwickelt werden.

Dabei ist eine Sammelmappe oder ein Schnellhefter hilfreich, um die gesamte therapeutische Arbeit mit dem Kind in Gestalt einer Geschichte zusammenzufassen. Sie sollten dabei alle Ihre Notizen zusammennehmen und alle Aktivitäten, die Sie mit dem Kind unternommen haben. Dabei sollte eine leichtfüßige, positive Erzählung entstehen, die das enthält, was das Kind gelernt hat und wie es sich im Laufe der Zeit verändert hat. Versuchen Sie, in diesen Entwicklungsbericht einige kleine Geschichten einzuweben, an die sich das Kind noch gut erinnern kann. Beispielsweise als das Kind es schwierig fand, sich in Ihrem Behandlungsraum zu bewegen und als Sie »Regeln für dieses Zimmer« zusammen aufgestellt und im Raum aufgehängt haben. Eines Tages war es dann nicht mehr nötig, auf diese Regeln hinzuweisen, weil sie dem Kind in Fleisch und Blut übergegangen waren. Das war ein großer Fortschritt für das Kind.

Sie sollten bei dieser Aktivität ein paar allgemeine Regeln beachten:

1) Halten Sie den Bericht positiv. Wenn es Verhaltensbereiche gibt, in denen das Kind nicht erfolgreich war, so fügen Sie Vorstellungen und Vorschläge ein, wie es in Zukunft weitergehen könnte.
2) Wenn das Kind Ideen hat, die zwar nicht in Verbindung mit Ihrer gemeinsamen Arbeit zu stehen scheinen, die aber trotzdem Erfolge sind, fügen Sie sie auf jeden Fall in Ihre Liste ein. Sie sind Fortschritte und Erfolge, auch wenn es sich um Judo, Kickboxen oder Ballettanz handelt.
3) Versuchen Sie, den Fortschritt, den das Kind gemacht hat, mit seinem täglichen Leben zu verbinden, beispielsweise: »Ich habe gelernt, mein Temperament zu zügeln. Deshalb kann ich jetzt besser mit meiner kleinen Schwester spielen. Und meine Mutter schickt mich nicht mehr zur Strafe ins Kinderzimmer.«
4) Machen Sie den Bericht farbig und schreiben Sie ihn mit leichter Hand.
5) Sie sollten überlegen, ob Sie ans Ende eine Art Urkunde über den erzielten Erfolg erstellen und aushändigen. Etwa in der Art: »Ich bestätige durch dieses Dokument,

dass … im Laufe eines längeren Prozesses Fortschritte auf den folgenden Gebieten gemacht hat. …« Geben Sie diesem Dokument einen formellen Anstrich, indem Sie es mit Ihrem vollen Titel und Namen unterschreiben und den Ort und den Tag hinzufügen.
6) Beenden Sie den Überblick über Ihre Geschichte mit dem Kind mit einem positiven Ausblick auf die Zukunft.

*Variante: Mein bisheriges Leben*

Diese Aktivität braucht eine Reihe von Sitzungen. Es handelt sich im Wesentlichen um das Buch einer Lebensgeschichte. Das Kind stellt ein Dokument wichtiger Ereignisse seines Lebens zusammen und verbindet sie mit seinen Gefühlen. Den Schwerpunkt bildet die Frage, wo sich das Kind im Augenblick befindet. Man erstellt ein Lebensbuch in Form eines Ordners, in dem man das Leben des Kindes von der Geburt an darstellt. Es enthält den Familienbaum, eine Zusammenstellung der Schulen und Klassen, die besucht worden sind, der Umzüge mit der Familie und außerhalb der Familie. Ferner die Orte, an denen die Ferien verbracht worden sind, Hobbys usw. Das Kind kann diese Dokumentation illustrieren und wo immer es möglich ist, vorhandene Fotografien von Menschen und Orten einfügen. Sie sollten in diesem langwierigen Prozess nicht drängeln. Ermutigen Sie das Kind, alle seine Gefühle auszusprechen, die jeweils mit den unterschiedlichen Ereignissen damals verbunden waren. Wichtig dabei ist, dass am Ende jeder dieser zusammenfassenden Sitzungen das Kind die Sitzungen mit einem positiven Gefühl über seinen gegenwärtigen Standort verlässt. Dabei müssen Sie sich nicht an die Notwendigkeit gebunden fühlen, den Ordner in chronologischer Ordnung zusammenzustellen. Es ist viel besser für den emotionalen Haushalt des Kindes, wenn es sich von schwierigen Zeiten besseren Zeiten zuwenden kann, auch wenn sie nicht in chronologischer Folge aneinander anschließen. Wenn Sie jeden einzelnen Einfall und jedes einzelne Gefühl mit dem Kind auf einer separaten Seite festhalten, dann können Sie diese Seiten hinterher in eine chronologische Ordnung bringen. Das hat auch den Vorteil, dass das Kind später den Ordner ergänzen kann, wenn ihm neue Dinge dazu einfallen (vgl. Ryan/Walker 1997, Kap. 7, Einige Elemente eines Lebensbuches).

**Siehe auch:**
- Was ich erreicht habe (S. 125)
- Ich habe es selbst in der Hand (S. 95)
- Gute Nachrichten über mich (S. 117)
- Das Buch der Erinnerungen (S. 101)
- Meine Welt (S. 24)
- Vergangenheit, Gegenwart und Zukunft (S. 127)
- Mein Trimm-Dich-Pfad (S. 79)

# Literaturverzeichnis

Brett, D.: Anna zähmt die Monster. Therapeutische Geschichten für Kinder. Iskopress, Salzhausen ⁴2000.

Burnham, J. B.: Systemische Familienberatung. Eine Lern- und Praxisanleitung für soziale Berufe. Beltz, Weinheim 1995.

Dwivedi, K.N. (Hrsg.): Group Work with Children and Adolescents. A Handbook. Jessica Kingsley, London 1993.

Elliot, M.: Keeping Safe. Hodder and Stoughton, London ⁴1994.

Elliot, M.: Teenscape. Health Education Authority, London ²1995.

Fahlberg, V.I.: A Child's Journey Through Placement. British Agencies for Adoption and Fostering, London 1994.

Herbert, M.: Parent, Adolscent and Child Training Series (PACTS). BPS Books, Leicester 1996.

Kendall, P.: Child and Adolescent Therapy. Cognitive-behavioural Procedures. Guilford Press, New York 1991.

King, N.J./Hamilton, D.I./Ollendick, T.H.: Children's Phobias. A Behavioural Perspective. John Wiley & Sons, New York 1994.

Montgomery, B.: Getting On With Your Teenagers. Lothian, Melbourne 1988.

Oerter, R./Montada, L.: Entwicklungspsychologie. Ein Lehrbuch. Beltz, Weinheim ⁴1998.

Ryan, T./Walker, T.: Wo gehöre ich hin? Biografiearbeit mit Kindern und Jugendlichen. Beltz, Weinheim 1997.

Sanders, M.R.: Every Parent. A positive approach to children's behaviour. Addison-Wesley, Reading/Massachusetts 1992.

Webster-Stratton, C.: The Incredible Years. Umbrella Press, Toronto 1992.

# Kinder professionell beraten

Sabine Weinberger
**Kindern spielend helfen**
Eine personzentrierte Lern- und Praxisanleitung
Edition Sozial. 2001.
300 Seiten. Broschiert.
ISBN 3-407-55850-3

Das neue Standardwerk von Sabine Weinberger: die umfassende Einführung in Theorie und Praxis der Psychotherapie mit Kindern, die professionelle Hilfe brauchen.

Im Zentrum stehen Antworten auf Fragen wie: Wie bekomme ich spielerisch einen Zugang zu Kindern? Welche kreativen Methoden kann ich einsetzen? Wie sieht eine Spieltherapie aus? Welche Hilfsmöglichkeiten gibt es für ängstliche, aggressive und hyperaktive Kinder? Aufbauend auf einer theoretischen Einführung stellt die Autorin in einem praktischen Teil mit vielen Übungen und Beispielen dar, wie sich das personzentrierte Konzept von Carl Rogers in der Arbeit mit Kindern umsetzen lässt. Ziel ist die Steigerung der psychotherapeutischen und beraterischen Kompetenz von Fachkräften in psychosozialen, kinderbezogenen Berufen in Praxis, Aus- und Fortbildung.

Aus dem Inhalt:
Teil I: Theoretische Grundlagen
Spezielle Anforderungen an die Arbeit mit Kindern; Der Personzentrierte Ansatz; Entwicklungspsychologie für die Praxis; Die Sprache des Kindes: das Spiel; Dem Kind spielend begegnen.
Teil II: Praxis der Arbeit mit Kindern
Kontaktaufnahme und Diagnostik; Methoden; Ausgewählte Problembereiche; Wahrnehmungsstörungen; Hyperaktivität; Aggression; Ängste; Trennung/Verlust; Supervision; Falldarstellungen aus der psychosozialen Praxis.

**Ladenpreis: www.beltz.de**

Beltz Verlag · Postfach 10 01 54 · 69441 Weinheim · www.beltz.de

# Kindern professionell helfen

Tony Ryan / Rodger Walker
**Wo gehöre ich hin?**
Biografiearbeit mit Kindern und Jugendlichen.
Aus dem Englischen von
Birgit Lattschar.
Edition Sozial. 1997.
135 Seiten. 15 Zeichnungen. Broschiert.
ISBN 3-407-55802-3

Eine methodische Anleitung zur Aufarbeitung und Bewältigung der meist schwierigen Biografie von Kindern und Jugendlichen in Heimen, Pflegefamilien und Adoptivfamilien.
Von ihrer Herkunftsfamilie getrennte Kinder kennen oft ihre Lebensgeschichte nicht. Eine verlorene Vergangenheit kann es Kindern erschweren, sich emotional und sozial zu entwickeln. Biografiearbeit bietet einen neuen Zugang zu der Vergangenheit von schwierigen Kindern.

Aus dem Vorwort: Während eines Urlaubes in Nordirland stieß ich bei einem befreundeten Sozialarbeiter auf das Buch »Life Story Work«. Ich las es mit sehr großem Interesse und fand damit genau das Buch, das ich schon immer für meine Arbeit suchte – eine strukturierte, methodische Anleitung, Kindern bei ihrer Vergangenheitsbewältigung zu helfen. Zurück in Deutschland setzte ich die Ideen des Buches in meiner Arbeit als Heilpädagogin in einem Kinderheim um und merkte, wie sehr die Kinder davon profitierten. Birgit Lattschar

»Die Autoren beschreiben die Methode der Biografiearbeit genau, wobei sie auch einen empfehlenswerten Kommunikationsstil skizzieren, auf den Umgang mit durch die Arbeit geweckten Gefühlen eingehen und verschiedene Gestaltungsmöglichkeiten für ›Lebensbücher‹ darstellen. ... Das sehr praxisnah und gut verständlich geschriebene Buch ist für Fachkräfte sehr empfehlenswert, die mit Heim- und Pflegekindern arbeiten.«
Unsere Jugend

**Ladenpreis: www.beltz.de**

**BELTZ**

Beltz Verlag · Postfach 10 01 54 · 69441 Weinheim · www.beltz.de